INFRA-ESTRUTURAS E CRESCIMENTO:

Reforma do Estado e Inclusão Social

JOSEF BARAT

CLA editora
2004

Editor: Fabio Humberg
Assistente Editorial: Cristina Bragato
Capa e projeto gráfico: João Carlos Porto
Foto capa: JJ Leister/Agência Estado
Revisão: Fabio Zoppa
Indicação editorial: Mario Ernesto Humberg

```
       Dados Internacionais de Catalogação na Publicação (CIP)
                (Câmara Brasileira do Livro, SP, Brasil)

  Barat, Josef, 1939-
      Infra-estruturas e crescimento : reforma do
  Estado e inclusão social / Josef Barat.
  São Paulo : Editora CL-A Cultural, 2004.

  Bibliografia.

        1. Desenvolvimento econômico - Brasil
  2. Inclusão social 3. Infra-estrutura (Economia)
  4. Logística (Organização) 5. Transportes -
  Brasil 6. Urbanização - Brasil I. Título.




  04-7278                                    CDD-330.981
```

         Índices para catálogo sistemático:
    1. Brasil : Economia e infra-estruturas 330.981
    2. Brasil : Infra-estruturas e economia 330.981

Todos os direitos para a língua portuguesa reservados
Editora CLA Cultural Ltda.
Rua Coronel Jaime Americano 30 – salas 12/13 – 05351-060 – São Paulo – SP
Tel/fax: (11) 3766-9015 – e-mail: editoracla@editoracla.com.br
www.editoracla.com.br

Impresso no Brasil – novembro/2004

Índice

Apresentação, por Ozires Silva 5
Prefácio, por Antonio Dias Leite 7
Introdução 9
Parte 1: Crise Econômica e Reforma do Estado 17
Unctad: 40 anos depois 19
Reforma do Estado e desenvolvimento 22
Estado ainda refém do curto prazo 25
A recessão foi o objetivo 28
Duelo de titãs 32
Agências reguladoras e reforma do Estado 35
Crescimento e reforma do Estado 38
O Estado como refém das políticas de curto prazo 41
Vamos conformar-nos com a estagnação? 50
Materialismo histórico e monetarismo histérico 53
Crises asiáticas, maldades brasileiras 56
Quem tem medo do crescimento? 59
Tigres, baleias e antas 62
Parte 2: Estado, Mercado e Sociedade 65
Agências reguladoras: avanços e recuos 67
Responsabilidade social: *'allegro... ma non troppo'* 70
Responsabilidade social: para onde vamos? 73
Agências reguladoras: sinfonia inacabada? 76
Concessões e regulação: maus presságios? 79
O Brasil ilegal vencerá? 82
De volta ao passado? 85
Reformas: farsa, drama ou tragédia? 88
Parte 3: Infra-estruturas e Crescimento 91
O custo da deficiência 93
Infra-estruturas e crescimento 101
Crise energética: a hora da verdade 104
Realidade urbana, mentalidade rural 108
Saneamento ambiental e descentralização 111

Tecnologia, a retomada do desenvolvimento 114
Saneamento ambiental e a retomada do desenvolvimento 117
Novas fronteiras econômicas 120

Parte 4: Logística e Transporte 123
Transporte aéreo: da cacofonia para a harmonia? 125
Competitividade: o inferno são os outros? 128
Energia e transporte: a propósito da guerra 131
Aviação comercial: uma crise anunciada 134
Transportes: devagar quase parando 137
Transportes no Brasil: o desafio institucional 141
A regulação dos transportes 144
O escoamento das safras agrícolas 147
E o piloto? Sumiu? 150
Renovar é preciso 153

Parte 5: Urbanização e Serviços Públicos 157
Subsídio para o transporte público 159
Municipalismo: alcances e limites 161
Habitação e desenvolvimento urbano: soluções à vista? 164
A questão urbana, além do horizonte eleitoral 167
Transporte urbano: o desafio de Sísifo 170

Apresentação

Este livro de Josef Barat foi escrito num momento em que, a despeito de muitas conversas, discussões e debates, o Brasil – o quinto país mais extenso do planeta –, por uma clara visão emanada do seu povo, está frustrado. Após quinhentos anos da nossa "descoberta" por Pedro Álvares Cabral, ainda estamos pobres.

A despeito das extensas condições físicas favoráveis de que dispomos, o nosso país falhou em proporcionar o grau de qualidade de vida e de oportunidades aspiradas pelo seu bom povo. Por quê?

São muitas as razões por que se tenta explicar esse paradoxo. Barat, submetido à sua particular vocação de pensar, de traduzir em textos, debates e teses, normalmente corajosas, caminha pelo ângulo da infra-estrutura física ou, mais simplesmente, das ferramentas à disposição do empreendedor, do trabalhador, para que seu projeto produtivo possa chegar ao êxito.

Com o advento das comunicações instantâneas e globais, conquistadas por uma inventividade humana impressionante, o cidadão moderno de qualquer ponto do globo vai se transformando e se tornando mais mundial e menos nacional. As conseqüências desta simples colocação, de forma direta e mesmo brutal, colocam o empresário e sua empresa literalmente contra uma competição internacional competente, eficaz e vigorosa.

Este novo ambiente coloca sob desafio os sistemas internos entendidos como nacionais até recentemente. As *tradicionais fronteiras geográficas, separando países por um complexo emaranhado de leis, regulamentos e regras limitando as comunicações e os fluxos de pessoas, produtos e serviços, estão em visível processo de enfraquecimento.*

É curioso assinalar que muitos Estados Nacionais, em particular o nosso querido Brasil, ainda não encontraram os mecanismos para orientar suas economias e ganhar posições competitivas e vantajosas na identificação dos caminhos da riqueza.

Barat, neste seu livro, ajuda-nos a pensar e a responder o "por que não"!

OZIRES SILVA
EX-MINISTRO DA INFRA-ESTRUTURA
FUNDADOR E EX-PRESIDENTE DA EMBRAER

Prefácio

Josef Barat faz parte de um limitado grupo de economistas que concentra a sua atenção na economia real, e na sua base física, com especial ênfase nas infra-estruturas de logística e de transportes.

Quando se graduou em economia, na Universidade Federal do Rio de Janeiro (1960/63), à época em que eu lá era professor, vivíamos em pleno desenvolvimento resultante do Plano de Metas do presidente Juscelino, concentrado nos investimentos de longo prazo em infra-estruturas de transportes e de energia, então identificados como "pontos de estrangulamento da economia nacional".

Anos mais tarde, ao se candidatar à docência livre, na UFRJ, de cuja Comissão Julgadora fiz parte, apresentou, como tese, um trabalho intitulado "Estrutura Metropolitana e Sistema de Transportes", que já apontava a sua linha de interesse futuro.

Nos últimos anos, alem da atividade profissional na sua especialidade, tem estado presente, nos jornais, com freqüentes artigos de acompanhamento da evolução econômica do País, os quais, juntamente com outros estudos, são reunidos neste livro que em boa hora publica.

São nele revistos os significativos aumento da renda per capita que se verificou no país até 1980, a desestruturação subseqüente da economia brasileira, bem como a estagnação econômica que nos levou a um nível de renda per capita equivalente ao que já havíamos conquistado vinte anos antes. Levanta-se a questão do aparente conformismo com a falta de crescimento econômico.

Paralelamente, a constatação do descalabro das infra-estruturas nos faz retornar à presença dos "pontos de estrangulamento" dos quais nos havíamos livrado há 50 anos.

O investimento em infra-estrutura, necessariamente de longo prazo de retorno, tornou-se extremamente difícil, diante das dificuldades do orçamento público associadas ao novo quadro de globalização financeira, que trouxeram a submissão da economia nacional a uma visão de curto prazo.

Felizmente pode ser registrado, em contrapartida, significativo progresso em alguns aspectos institucionais, no sentido de uma administração financeira responsável e, no campo específico das infra-estruturas, tentativas de reformas, baseadas no sistema de concessões sob comando de novas Agências Reguladoras especializadas. No entanto, o processo, politicamente difícil e administrativamente complexo, tem sido muito lento e não se concluiu. A incerteza que daí decorre inibe a entrada da iniciativa privada para complementar o esforço financeiro insuficiente do Estado.

Enquanto isso, a grande maioria das estradas de rodagem chega a um grau de deterioração antes inimaginável e não se dá inicio a novas usinas elétricas. As primeiras, além de prejudicar a competitividade da economia brasileira como um todo, estão a ponto de estancar o escoamento da produção agrícola. As segundas estão com sobras, sabendo-se que não haverá falta de energia no curto prazo. Mas, e daqui a cinco anos, se não se iniciarem novas construções?

A atenção do autor tem-se voltado também, desde a tese de 1975, para as infra-estruturas urbanas, que se tornaram extremamente precárias em função de uma conjugação perversa da estagnação econômica com intenso processo de urbanização, o qual requereria, em princípio, aceleração de investimentos de longo prazo.

Todo esse inter-relacionamento entre a economia como um todo e a recuperação das infra-estruturas é tratado pelo autor com grande conhecimento de causa e objetividade.

As críticas ao que se tem deixado de fazer nos últimos anos são freqüentemente acompanhadas de propostas construtivas. Existe, subjacente, em todo o livro, a esperança de que a retomada do crescimento econômico ainda possa advir, se voltarmos a pensar e viabilizar os investimentos de longo prazo, especialmente em infra-estruturas.

ANTONIO DIAS LEITE
EX-MINISTRO DAS MINAS E ENERGIA
PROFESSOR EMÉRITO DA UFRJ – UNIVERSIDADE FEDERAL DO RIO DE JANEIRO

Introdução

Após cem anos de crescimento continuado – entre 1880 e 1980 – a economia brasileira foi afetada por uma prolongada estagnação, que já se estende por mais de vinte anos. Na verdade, desde o início a crise de crescimento apontou claramente para o esgotamento de um ciclo, porém sem que se criassem sólidas alternativas econômicas, institucionais e políticas ao quadro recessivo, como ocorreu nos anos 30, após a exaustão do modelo de exportação de produtos primários. O crescimento de um século fez com que, entre 1900 e 1930, a renda por habitante dobrasse de valor em termos reais e, entre 1945 e 1980 – na esteira da industrialização acelerada –, mais do que quadruplicasse. Apesar das desigualdades sociais e regionais, a dinâmica do crescimento e a grande mobilidade social fizeram com que várias gerações de brasileiros mantivessem a crença otimista de que, em geral, os filhos estariam em melhor situação econômica e social que os pais e avós. No entanto, a estagnação de duas décadas alterou esse quadro, ao manter a renda por habitante de hoje praticamente no mesmo nível de 1980.

Por outro lado, o gradativo processo de abertura do mercado interno ao comércio internacional, nos anos 90, acabou por gerar uma série de conseqüências para a indústria e a dinâmica das exportações. Estas conseguiram se manter competitivas para muitos produtos e contribuíram para atenuar o baixo crescimento industrial como motor do desenvolvimento econômico. Mas é forçoso reconhecer que a taxa média de crescimento anual da economia, ao manter-se em pouco mais de 2%, em média, ao longo de vinte anos, tornou-se insuficiente para gerar expectativas e esperanças de melhoria dos padrões de vida para a maioria da população brasileira. Assim, o que se vê hoje é o desalento, principalmente entre os mais jovens, ao constatar que, provavelmente, estarão em pior situação que seus pais.

Para melhor entendimento dos fatores que influíram na estagnação e na crise do setor público a ela associada, convém delinear uma resenha sumária do que ocorreu na economia mundial. No prolongado ciclo de crescimento econômico que se seguiu ao fim da 2ª Guerra Mundial houve, nos países desenvolvidos, uma grande disponibilidade de recursos financeiros para investimentos públicos. Foram gerados, também, excedentes de recursos regulares para investimentos no Terceiro Mundo, tanto por parte de governos (empréstimos bilaterais), como de instituições multilaterais de fomento. Os dois "choques" de altas significativas dos preços do petróleo (em 1973 e 1979), associados à redução das taxas de crescimento e elevação da inflação nas economias desenvolvidas, reduziram, porém, o ímpeto dos investimentos públicos. No entanto, após o primeiro "choque" – após décadas de preços relativamente estáveis – formou-se uma grande massa de recursos "quentes" de curto prazo. Os chamados "petrodólares", reciclados de forma rápida pelo sistema financeiro, foram aplicados, em grande parte, no financiamento, no longo prazo, de investimentos públicos nas infra-estruturas, por meio de empréstimos avalizados pelos governos.

Nos anos 80, duas conseqüências resultaram desse ciclo. A primeira foi o colapso dos mecanismos de financiamento resultantes da reciclagem, uma vez que o sistema financeiro não conseguiu equacionar a contradição de fazer captações de recursos de curto prazo e aplicá-los no longo prazo. A crise nos mercados financeiros foi acompanhada pelo endividamento crescente – e, por vezes, descontrolado – dos países tomadores dos empréstimos, entre eles o Brasil. A segunda conseqüência, portanto, foi o crescimento avassalador da dívida externa dos países emergentes, que tomaram parte significativa daqueles recursos colocados no mercado. Acrescente-se a esse quadro complexo a reação brasileira à crise, no sentido de acelerar e expandir os investimentos públicos nas infra-estruturas, quando, na verdade, ao final dos anos 70 a situação mundial sinalizava para um quadro recessivo e de contenção de gastos.

Ameaçadas pela "estagflação", as economias dos países desenvolvidos atravessaram os anos 70 voltando-se para políticas compensatórias e de recuperação de tipo keynesiano, embora num contexto totalmente diferente daquele dos anos 30. Houve o acúmulo de déficits públicos e um protecionismo crescente no comércio internacional. Em conseqüência, ao longo dos anos 80 ficou patente a inadequação das políticas compensatórias e a perda de funcionalidade das pesadas estruturas estatais. O excesso de gastos sociais, a incapacidade do sistema tributário em estimular a poupança privada e o capital de risco, a desordem orçamentária nas contas de governo, assim como as distorções no redistributivismo do *Welfare State*, consolidaram gradualmente uma revisão na direção das chamadas políticas neoliberais. Estas poderiam ser resumidas nos seguintes objetivos: i) estabilidade monetária; ii) disciplina orçamentária; iii) reestruturação do sistema fiscal; iv) racionalização dos gastos públicos, especialmente os sociais; v) abertura externa para estimular a competitividade; e vi) crescimento equilibrado.

As políticas neoliberais foram aplicadas, de início, por governos conservadores (Thatcher, Reagan e Kohl, por exemplo), inclusive com intenções de acentuar, em certo grau, as desigualdades para dinamizar suas economias, valendo-se da redução da tributação sobre rendas altas e da flexibilização dos controles sobre os fluxos financeiros. Em fins dos anos 80 e início dos 90, governos socialistas ou social-democratas (Mitterrand, González e Craxi) e trabalhistas (Austrália e Nova Zelândia) aderiram ao ideário neoliberal, inclusive pelas pressões, tanto de um mercado financeiro cada vez mais globalizado e ágil, quanto de um comércio internacional mais competitivo. Na esteira das políticas neoliberais dos anos 80 puderam ser contabilizados êxitos e problemas. Os surtos inflacionários foram contidos, a lucratividade do capital aumentou e as economias do mundo desenvolvido ganharam dinamismo. No entanto, os salários estagnaram, o desemprego aumentou e os investimentos produtivos foram esvaziados pelo forte poder de atração dos mercados especulativos, sem contrapartida na produção. Obviamente, esses aspectos negativos seriam particularmente preocupantes para um país com fortes desequilíbrios sociais e pobreza endêmica, como o Brasil.

Em que pesem as críticas formuladas ao ideário neoliberal, uma conseqüência importante nos países desenvolvidos foi a de a contenção dos gastos públicos coincidir com (e até condicionar) o surgimento de disponibilidades crescentes de recursos do setor privado – como, por exemplo, os fundos de pensão e as seguradoras – com interesse em aplicações de longo prazo. Assim, os investimentos nas infra-estruturas de transportes, energia, telecomunicações e saneamento passaram a atrair o interesse privado. Este passou a se valer das chamadas operações BOT (*Build, Operate and Transfer*) e algumas variantes, que nada mais eram do que o velho mecanismo das concessões, que tanto êxito tivera nesses setores em fins do século XIX e início do XX, só que lastreado em uma instrumentação financeira mais diversificada e complexa. As chamadas privatizações dos serviços públicos, por meio de concessões, foram feitas, naqueles países, não com o propósito de simplesmente levantar recursos para os governos, mas de criar condições para que as forças de mercado operassem, tanto no sentido de evitar distorções na aplicação dos recursos públicos (investimentos sem demanda), quanto de atrair fontes alternativas e não convencionais para o financiamento das infra-estruturas.

No Brasil, o aprofundamento da crise do Estado, as constantes ameaças de descontrole inflacionário, a vulnerabilidade das contas externas, o renitente desequilíbrio fiscal e o desmoronamento do socialismo levaram a uma revisão no pensamento de muitos economistas e à busca de soluções pela via do ideário neoliberal. A estagnação econômica tornou sombrias as expectativas nos anos 80, habituados que estávamos à taxa média anual de crescimento da ordem de 7% desde o Pós-Guerra. Os responsáveis pela condução das políticas econômicas, diante das constantes ameaças de curto prazo, perderam a perspectiva dos fatores estruturais condicionantes do crescimento (e da própria instabilidade monetária) e se perderam nos constantes *stop and go* dessas políticas.

Por incapacidade dos nossos dirigentes, amargamos uma década de estagnação e inflação descontrolada, que afetou dramaticamente as nossas infra-estruturas. A partir de 1985, houve uma considerável degradação da qualidade dos serviços prestados pelo Estado, associada à deterioração acelerada das infra-estruturas, equipamentos e instalações. Apesar disso, o custo da máquina estatal aumentou brutalmente. O Estado partidário, patrimonialista e assistencial passou a suplantar as ilhas de excelência do Estado moderno, investidor e prestador de serviços, que vinha sendo montado desde os anos 40. Assim, o que restou do *Estado Desenvolvimentista*, indutor da economia dos anos 50 aos 80, foi um simulacro desprofissionalizado e protegido pelo corporativismo.

Com a Constituição de 1988, ampliaram-se os impedimentos constitucionais ao financiamento das infra-estruturas por meio de vinculações tributárias. As dificuldades na obtenção de financiamentos externos e na atratividade de capitais externos para investimentos, associadas à crise fiscal, passaram a colocar o financiamento das infra-estruturas por meio de fontes alternativas, como uma questão central para a retomada do desenvolvimento e a reestruturação do Estado. Este, diante das necessidades inadiáveis no campo social, ficou de mãos atadas para fazer frente à modernização e ampliação das infra-estruturas. Na busca de alternativas para a redução do desequilíbrio fiscal e captação de recursos para investimentos nas infraestruturas, seguiu-se o caminho das privatizações de atividades econômicas desempenhadas diretamente pelo Estado (siderurgia, petroquímica e mineração) e das concessões de serviços públicos (telecomunicações, energia elétrica, rodovias, ferrovias e portos). Note-se que esse caminho foi seguido muito mais pela necessidade premente de gerar caixa para o governo do que por definições de estratégias que contemplassem os papéis das privatizações e concessões numa perspectiva de crescimento.

A agenda política dos anos 90 ficou, assim, sobrecarregada no que diz respeito às infra-estruturas, evidenciando a necessidade de: a) restauração do patrimônio existente; b) ampliação de sistemas visando à universalização dos serviços; c) consolidação de novas bases do federalismo; d) estruturação de órgãos reguladores; e) montagem de novas engenharias financeiras com recursos públicos e privados. A ameaça concreta da hiperinflação evidenciou a necessidade de estabilizar a moeda e racionalizar o Estado. Nesse cenário, após a implantação do chamado Plano Real (1994), o financiamento de investimentos públicos pela via inflacionária ficou impensável. O ajustamento do setor privado e a necessidade de usar os mecanismos de mercado para financiar infra-estruturas induziriam, em princípio, a uma visão mais moderna de Estado, com realce para as funções de planejamento, regulação, coordenação e gerenciamento de sistemas, sem cair na rigidez dos cânones neoliberais.

No entanto, um conjunto de restrições e gargalos – de natureza institucional, financeira, física e operacional – comprometeu as infra-estruturas, de modo geral, impondo adicionais de custos à produção destinada ao consumo interno e às exportações. Como resultados de um processo cumulativo ocorrido nas duas últimas décadas, podem-se citar:

• Esgotamento dos mecanismos de financiamento público e redução dos

financiamentos das instituições de fomento nacionais e internacionais para as empresas estatais e órgãos governamentais;
- Ênfase nas políticas de estabilização monetária, que inibiu o planejamento e as estratégias de longo prazo para as infra-estruturas;
- Ausência de uma reforma mais ampla do Estado (e da administração pública), que pudesse torná-lo mais funcional e adequado a uma nova realidade econômica e social;
- Intermitências ocorridas no processo de geração de estudos, pesquisas, planos, dados estatísticos e informações, em virtude do esvaziamento dos núcleos de excelência governamentais;
- Ausência de mecanismos permanentes de diálogo entre instâncias decisórias nos três níveis de governo, regulamentos inadequados e legislações tributária e fiscal desatualizadas;
- Degradação muito acentuada das infra-estruturas e na qualidade dos serviços públicos, por falta de investimentos e manutenção;
- Perdas e descontinuidades na implementação dos programas e projetos governamentais;
- Processos de licenciamentos ambientais complexos e demorados.

Mas, apesar das restrições e gargalos, não se pode ignorar a ocorrência, nos anos 90, de uma sucessão de avanços institucionais, dos quais merecem ser destacados:
- Criação de suporte legal para as concessões das infra-estruturas, pela promulgação da lei federal nº 8.987/95 para programas de concessões de serviços públicos, complementada pela lei nº 9.074/95. Cabe chamar a atenção, todavia, para o fato de a aplicação dessa legislação em conformidade com o disposto pela lei federal nº 8.666/93, que disciplinou as licitações, ter gerado problemas por inadequação a concepções mais modernas aplicáveis ao processo licitatório;
- Promulgação da lei complementar nº 101/00, a chamada Lei de Responsabilidade Fiscal, que estabeleceu normas relativas à limitação de despesas com pessoal e o impedimento à transferência parcial de pagamento em exercício seguinte, sem disponibilidade de caixa;
- Criação da Contribuição de Intervenção no Domínio Econômico – CIDE, pela lei 10.336/01, instituindo a utilização vinculada dos recursos arreca-

dados pela cobrança de alíquota sobre o consumo de combustíveis a programas na infra-estrutura de transportes, embora ainda não tenha canalizado os recursos para este fim.

É necessário, portanto, que se tenha uma visão mais abrangente do momento histórico em que vivemos, não dissociando a estagnação econômica prolongada da crise do Estado brasileiro, como também procurando resgatar a compreensão da relação das infra-estruturas com o crescimento. Em decorrência dessa compreensão, destaca-se o papel estratégico da logística e dos transportes na redução dos custos do abastecimento interno e no incremento da competitividade das exportações. E, também, o papel crucial das infra-estruturas na redução das desigualdades, alívio das tensões e melhoria da qualidade de vida nos grandes aglomerados urbanos.

Por fim, é importante ter presente que o processo de democratização e a crescente conscientização da sociedade quanto a seu papel nas mudanças levam necessariamente a uma visão mais ampla dos conceitos de cidadania, responsabilidade social e combate à exclusão e à marginalidade econômica e social. Assim, as complexas relações entre o mercado, Estado e sociedade, no que diz respeito à provisão de serviços públicos, passam por mecanismos modernos e estáveis de regulação das concessões. Este livro, que resulta de uma coletânea de artigos publicados em diversos jornais, procura oferecer uma contribuição ao debate da gama de questões apontadas, que se entrelaçam numa perspectiva econômica e social ampla, estrutural e de longo prazo.

JOSEF BARAT

Parte 1

CRISE ECONÔMICA E REFORMA DO ESTADO

Unctad: 40 anos depois

A propósito da 11ª Conferência da Unctad, vale a pena fazer uma reflexão sobre as perspectivas do comércio exterior do Brasil. Ao longo de décadas perseguimos o objetivo da industrialização, para que o País crescesse de forma contínua e superasse as permanentes crises do balanço de pagamentos. Restringir a importação de bens industriais e substituí-los por similares nacionais foi a forma de tornar o País menos dependente da deterioração – ou instabilidade – dos preços dos produtos primários exportados, cuja receita limitava sempre a capacidade para importar. Mas, à medida que o País se industrializou e diversificou a sua produção interna, cresceram também as necessidades de importação de bens e serviços, pressionando o balanço de pagamentos de forma recorrente.

Ao longo de décadas, foi montada uma complexa rede de proteção para prevenir ou atenuar crises nas contas externas, valendo-se de mecanismos como as desvalorizações cambiais, as barreiras alfandegárias, as reservas de mercado, assim como a inflação para financiar investimentos públicos. Tornamo-nos exportadores de bens industrializados, muitos com alto valor agregado e incorporação de novas tecnologias. Como disse o embaixador Rubens Ricupero em artigo a respeito da 1ª Unctad de 1964, economistas como Raul Prebisch e Celso Furtado formularam teorias e políticas inovadoras, no sentido de consolidar a industrialização e mudanças estruturais na pauta de exportações, como forma de superar o subdesenvolvimento.

O Brasil se industrializou, ampliou seu mercado interno, cresceu a taxas médias de 7% ao ano entre o fim da 2ª Guerra e o início dos anos 80. Tornamo-nos a 8ª economia do mundo e exportadores respeitados de produtos industriais. Se, no ano da 1ª Unctad, as nossas exportações de produtos primários (básicos) representavam mais de 85% do valor total e os manufaturados apenas 6%, dez anos depois os manufaturados já representavam 30% do valor total e os básicos, 58%. Em 1994, os percentuais já eram de, respectivamente, 60% e 24%.

JOSEF BARAT

Guardadas as mudanças nos critérios de classificação e o conceito meio fluido de manufaturados, a verdade é que, em três décadas, o Brasil firmou-se como um exportador de bens industrializados em variados graus de complexidade tecnológica. Se, em 1974, o valor das exportações de manufaturados era a metade do valor dos básicos, em 1994 a proporção se invertia, com os últimos representando 40% dos primeiros. Apesar dessas mudanças significativas, cabe notar que permaneceu muito reduzido o grau de abertura da economia brasileira, ou seja, a participação do comércio exterior no PIB, que variou de 5,8%, em 1964, para 7,4%, em 1994. Por outro lado, a presença das exportações brasileiras no comércio mundial manteve-se, nesse período, entre 0,93% e 1,04%.

Mas o prolongado ciclo de crescimento esgotou-se no início dos anos 80, a inflação desestruturou a capacidade produtiva, o setor público entrou em colapso, perdendo sua capacidade de investimento, e amargamos 20 anos de estagnação. Hoje somos a 15ª economia do mundo, com grande chance de baixar ainda mais no *ranking*. O problema agora é que nos vemos diante de retrocessos. Após a sucessão ininterrupta de déficits comerciais entre 1995 e 2001, comemora-se com alívio o desempenho espetacular das exportações, o sucesso das negociações comerciais com novos parceiros, principalmente a China.

Mas, na verdade, nossas exportações estão sofrendo um processo de regressão para os básicos e semimanufaturados com baixo valor agregado. Em 2003, apesar do aumento da abertura da economia para 12,5%, os produtos básicos já representavam 30% das exportações (declinando os manufaturados para 54%) e o valor dos básicos representou cerca de 54% daquele dos manufaturados. O valor médio da tonelada exportada tem declinado e tem aumentado a dependência do País para com a importação de serviços. Com exceção de alguns produtos industriais, o componente tecnológico das exportações é baixíssimo, se comparado a países em estágio industrial similar.

Quando ocorreu a 1ª Unctad, a luta da delegação brasileira, segundo Ricupero, era a de conquistar tanto relações de troca mais justas entre produtos primários e industriais, quanto uma posição melhor nas exportações de manufaturados. Isso de fato ocorreu, mas muitos dos problemas estruturais das contas externas não foram resolvidos. O mercado interno e as exportações se expandiram, mas a distribuição de renda, a carga tributária, a burocracia governamental e os baixos níveis de produtividade continuaram a ser os fatores restritivos à atividade econômica e à competitividade.

Dez conferências da Unctad depois, qual será a luta do Brasil? Exportar mais soja e minérios para a China? Competir com países subdesenvolvidos por mercados de básicos com preços aviltados? Buscar a quebra de proteções à produção agrícola européia e americana, para ampliarmos a exportação de produtos agrícolas e pecuários? E qualificar as exportações industriais e de serviços com incorporação de alta tecnologia e apoio de modernas infra-estruturas de logística, deixou de ser objetivo de governo?

Pode-se perguntar, ainda, como iremos agregar mais valor a nossas exportações e como, afinal, evitaremos que a política de comércio exterior se torne uma espécie de "vanguarda do retrocesso". É difícil, sem dúvida, enxergar novos horizontes neste momento de política econômica envolta nas névoas da rígida obediência ao credo monetarista.

Curiosamente, dois países que não seguiram à risca a cartilha do FMI (China e Índia) vão muito bem. Até foram convidados para participar das reuniões do G-8, para desgosto nosso. O que, no mínimo, merece reflexão mais séria por parte de diplomatas e economistas brasileiros.

(O Estado de S. Paulo, 3 de julho de 2004)

Reforma do Estado e desenvolvimento

Uma das questões mais relevantes do momento histórico em que vivemos é a das perspectivas e definições quanto ao papel do Estado na vida econômica das nações. Alvo de preocupação em inúmeros fóruns internacionais, estranhamente não foi trazida para um amplo debate entre nós. Hoje, para melhor situá-la, é importante ter uma visão histórica e abrangente da evolução do Estado brasileiro. O foco na questão das infra-estruturas torna-se relevante em razão da necessidade imperiosa de investir pesadamente nos aumentos de capacidade e expansões dos sistemas de telecomunicações, energia, transportes e saneamento. Sem isso, comprometeremos o crescimento e a competitividade.

No ciclo da economia aberta, exportadora de produtos primários (1880-1930), a implantação e exploração das infra-estruturas tinham por características: (i) predomínio de decisões privadas, orientadas pela lógica do mercado; (ii) retorno do capital investido segundo estratégias definidas por interesses externos ao País; e (iii) investimentos e exploração dos serviços feitos por concessionárias privadas estrangeiras fiscalizadas pelo governo. Já no ciclo da economia industrial fechada, baseada na substituição de importações (1930-1980), toda a sistemática de implantação e exploração das infra-estruturas modificou-se radicalmente: (i) predomínio de decisões públicas orientadas pelas lógicas política e desenvolvimentista; (ii) critérios de ganhos políticos gradualmente temperados com avaliações técnicas, segundo estratégias decorrentes dos interesses do desenvolvimento nacional; e (iii) investimentos e exploração dos serviços feitos por empresas estatais, superpondo as funções de concessionárias, poder concedente e administração direta.

Após duas décadas de estagnação da economia e desmantelamento do Estado, vislumbra-se a possibilidade de um novo ciclo de desenvolvimento. Sua gestação deu-se no decorrer da longa crise. É o ciclo de uma economia industrial madura, complementada pelo agronegócio e baseada, simultaneamente, na vigorosa ampliação do mercado interno e crescente competitividade externa. As infra-estruturas serão implantadas e exploradas de outra forma: (i) parte das decisões compartilhadas entre os setores público e privado, orientadas pelas lógicas dos mercados interno e mundial; (ii) retorno do capital investido segundo estratégias definidas por interesses da economia globalizada e mecanismos de *Project Finance*; (iii) investimentos e exploração dos serviços por concessionárias controladas por agências reguladoras; e (iv) surgimento de novos atores – entidades de defesa do consumidor, organizações não-governamentais e agências promotoras criadas por parcerias entre os setores público e privado.

Não se pode esquecer, todavia, o importante papel do Estado no provimento dos segmentos das infra-estruturas que continuarão sob sua responsabilidade direta. Para dar suporte ao novo ciclo, serão necessárias estratégias, políticas e planejamento de longo prazo, além da criação de instrumentos modernos e estáveis de gestão e financiamento. Ou seja, deverão ocorrer grandes mudanças e inovações nas alianças políticas, arcabouço institucional, tipos de organizações públicas e mecanismos de relações no âmbito do Estado e deste com a sociedade.

A reestruturação do Estado passa, assim, por um amplo debate envolvendo questões críticas: primeiramente, clareza em identificar os espaços de intervenção ou indução para fomentar o desenvolvimento. Em seguida, definição dos espaços de planejamento (para conceber e detalhar as estratégias e ações estatais) e de regulação (para implementar ações descentralizadas de exploração privada). Sabe-se que mesmo países de economia liberal têm espaços preferenciais bem definidos nos campos das infra-estruturas, tecnologia e melhoria do capital humano. Por fim, é importante fortalecer espaços de arbitragem de conflitos, no sentido de melhor defesa dos direitos do consumidor e proteção contra o abuso de monopólios na exploração das infra-estruturas.

Sabemos que há duas décadas vêm sendo retiradas do Estado as suas funções desenvolvimentistas – deixando-lhe as assistencialistas – e difundida a crença no mercado como indutor do crescimento. Crença descabida num país com graves desequilíbrios de renda entre regiões e pessoas. Para quebrar o persistente silêncio, ao qual se aplicaria a observação de

Bernard Shaw – "a mais perfeita expressão de desdém" –, por parte dos nossos dirigentes e políticos, devemos nos perguntar: que Estado queremos, afinal?

Devolver a capacidade de investimento do Estado implica reformas – fiscal e previdenciária – que efetivamente reduzam a pesada carga sobre o contribuinte, racionalizem a estrutura dos tributos e encargos e modernizem a arrecadação. Mas implica, sobretudo, ousar enfrentar o mais grave dos problemas: ajustar o federalismo brasileiro à real capacidade econômica e financeira do Estado em seus três níveis. Ou seja, fazer com que União, Estados e municípios "caibam" efetiva e confortavelmente no PIB.

Dotar o Estado de razoável capacidade de poupar e investir em setores indutores do desenvolvimento seria o roteiro para um grande espetáculo, em que cada ator cumpriria o seu papel: o governo cuidando das infra-estruturas não concedidas, as concessionárias reguladas por entes independentes, o contribuinte pagando menos impostos, tarifas mais justas e consumindo serviços de melhor qualidade e a economia crescendo. Mas, por ora, é um sonho... Enquanto isso, o velho e alquebrado lobo – meio bobo, com o superávit primário de 4,25% do PIB, e muito esperto, porque chama o contribuinte para pagar a conta – tenta convencer a ingênua Chapeuzinho de que as coisas poderão continuar assim...

(O Estado de S. Paulo, 21 de janeiro de 2004)

Estado ainda refém do curto prazo

Tornou-se lendária a figura de Oliveira Salazar, que, tido como casto, conduziu uma rígida administração financeira em Portugal. Mas o que era visto como virtude acabou por traduzir-se no seu maior pecado: a estabilidade à custa da estagnação do país, por quatro décadas. Pecar é próprio da natureza da atividade política, sustentada na ambivalência e manipulação. Nas democracias, os grandes estadistas são aqueles que transcendem as duplas mensagens e apontam novos caminhos. Transmitem idéias claras e segurança quanto à capacidade de projetar um futuro melhor e superar os obstáculos ao crescimento. Pequenos erros são compensados por grandes acertos. Assim, dispor de uma estratégia de futuro, saindo da cilada das políticas de curto prazo – considerado um "pecado" pelos "castos" –, pode se tornar uma grande virtude, ao ser conduzida por um estadista. Mas, nos últimos 20 anos, governo sai e governo entra, e ainda estamos no sonho daquele projeto de filme "Quero ser Juscelino Kubitschek".

O peso das decisões de curto prazo é tão grande que o País se mobiliza a cada reunião do Copom. Aumentam os níveis de adrenalina às vésperas de possíveis reduções da taxa básica de juros. E vem sempre à tona o dilema inflação *versus* crescimento, que escamoteia o dilema crucial: ônus dos juros e encargos da dívida *versus* investimentos públicos. A sensação é a de que o País é governado pelo Copom. É claro que buscar uma alternativa que propicie crescimento e reduza a agonia social tem um preço. É inaceitável a volta da "Velha senhora". Mas não podemos nos intimidar por cenários catastróficos.

Se hoje estamos em situação mais calma que há um ano, não é chegado o momento de romper a perpetuação desse curto prazo angustiante que corrói o tecido social? Não haverá ganho para a sociedade se transcendermos a interminável sucessão de "castas" administrações financeiras de estilo e ranço salazarista?

Houve um momento em que, diante do desmoronamento do Estado

JOSEF BARAT

Desenvolvimentista, a desestatização – por meio das alienações de ativos, abertura de capital e concessões – foi apresentada como a saída para a retomada do desenvolvimento. No caso dos serviços públicos, diante da regulação deficiente, dos poucos investimentos e colapsos freqüentes na sua provisão, a opinião pública passou a ver com desconfiança o que lhe foi apresentado como panacéia. A crise energética da Califórnia levou a uma reflexão mais cuidadosa sobre os problemas da regulação. Mas esqueceu-se da crise maior do Estado brasileiro, que, por cinco décadas, desempenhou um papel motriz na promoção do desenvolvimento. Funcionalmente, induziu profundas mudanças estruturais na economia e atendeu a grande parte das necessidades por elas geradas.

Mas, nos anos 80, o aparelho estatal esgotou sua capacidade de investimento e tornou-se pesado, obsoleto, caro e não seletivo, em termos de ações e definições das reais prioridades do País. Deixou de atender ao crescimento pela forte degradação nas capacidades de investir, planejar e formular políticas, assim como pelo acúmulo de ineficiências operacionais. Fenômeno que, disseminado pelos três níveis de governo, traduziu-se na crise generalizada das organizações públicas. No entanto, até o momento, não houve esboço de uma reforma profunda baseada em uma visão estratégica de longo prazo e nas novas funções, estruturas e formas de organização do Estado.

Acontece que à crise do Estado e das organizações públicas correspondeu uma degradação acentuada das infra-estruturas (energia, telecomunicações, transportes e saneamento). Durante cinco décadas, os diferentes níveis do Executivo foram responsáveis diretos pelos investimentos e operações. Mas a cumplicidade perversa do Executivo e Legislativo – fruto da captura do Estado pelos interesses políticos e privados – acabou por detonar o que havia de eficiente e profissional nas organizações públicas, desmantelando os seus núcleos de inteligência. As duas décadas de estagnação econômica serão seguidas de um novo ciclo de desenvolvimento, que necessitará da recuperação e expansão das infra-estruturas. Mas o Estado perdeu a sua capacidade de investimento: passou de grande poupador e investidor para detentor de poupança negativa. Nos anos 70, a participação da poupança no PIB chegou a 25%, em média, o que propiciou investimentos capazes de gerar taxas médias de crescimento de mais de 7% ao ano. Hoje, a poupança líquida é de 16%, descontados os 5% de poupança negativa do Estado, o que não dá sustentação ao crescimento continuado.

O caminho da desestatização só contemplou melhorias nas infra-estruturas existentes. A retomada de crescimento exercerá uma pressão muito violenta sobre as infra-estruturas, que terão de ser recuperadas e ampliadas, inclusive aumentando seus níveis de eficiência. E para isso haverá necessidade de investimentos públicos, pois grande parte delas não pode ser concedida (veja-se o caso emblemático das rodovias federais). Acontece que o Estado brasileiro tornou-se refém das políticas de curto prazo e não se buscou seriamente uma resposta para seu papel, nem para as bases estáveis de financiamento num novo ciclo de desenvolvimento. Ora, para o "espetáculo do crescimento" são necessários um roteiro duradouro, palco resistente, cenários criativos e audácia do diretor (mais para Juscelino do que para Salazar). As instituições públicas perderam as idéias relacionadas com o planejamento estratégico, a formulação de políticas de longo prazo e a visão estrutural do processo de desenvolvimento. Estamos, há 20 anos, patinando num terreno movediço de políticas de estabilização de curto prazo, sem a perspectiva de maior alcance quanto ao próprio futuro do País.

(O Estado de S. Paulo, 6 de setembro de 2003)

A recessão foi o objetivo

No melancólico final do governo Fernando Henrique vieram à tona as contradições de uma política econômica que, refém do curto prazo, negligenciou as soluções para os problemas estruturais. Mas, por um desses paradoxos do destino, foram justamente os problemas de curto prazo que acabaram por tornar evidentes as graves deficiências estruturais da economia. É importante frisar que tais deficiências vêm de um passado mais distante, não podendo esse governo ser por elas responsabilizado. No entanto, sua omissão diz respeito à forma negligente com que foram tratadas as questões ligadas, em última análise, ao crescimento econômico e ao bem-estar social e, por via de conseqüência, às necessidades de remoção dos obstáculos estruturais. E o mais grave é que todas as ações da política econômica conduziram à recessão, como objetivo primeiro.

Metido numa "camisa de sete varas", o governo Fernando Henrique tentou empurrar para o próximo os ônus que advirão de suas falhas no que diz respeito ao seu aprisionamento às políticas de curto prazo. Para o povo – que manifestou sua inquietação nas urnas –, a camisa tem o sentido nada cômodo da alva dos padecentes nos autos-de-fé, de triste memória. Para a equipe econômica, significa, agora, a dificuldade extrema em que alguém se mete e da qual é difícil ou impossível sair. E quais são as sete varas dessa indigitada camisa?

Primeiramente, se FHC teve o inegável mérito de debelar a inflação, com sua política de estabilidade, no seu final estivemos ameaçados, de novo, pela visita da "velha senhora". Ainda de forma sutil, esse retorno se refletiu nos principais índices que medem a inflação. Curiosamente, notava-se um certo alvoroço, tanto por parte de desenvolvimentistas imaturos como do próprio governo, no sentido de que "um pouco" de inflação seria estimulante para o crescimento e o melhor ajuste das contas públicas. Não se pode esquecer, todavia, o papel perverso exercido pela inflação no passado como instrumento tanto de redistribuição de renda às avessas como de tributação para o financiamento de investimentos públicos.

A segunda vara diz respeito ao crescimento em si. Entre 1950 e 1980, a economia brasileira cresceu ininterruptamente a uma taxa média anual de 7,4%, na esteira do crescimento mundial e sob a ação do Estado desenvolvimentista. Níveis elevados de poupança, em especial a pública, financiamento pela inflação e empréstimos externos para implementar infra-estruturas foram alguns dos fatores responsáveis pelo crescimento.

Entre 1980 e 2001, a taxa anual média de crescimento do PIB reduziu-se a 2,1%. O financiamento inflacionário perdeu a sua funcionalidade, os recursos externos minguaram e a crise fiscal desestruturou o papel do Estado como motor do crescimento. Hoje temos um nível de poupança líquida em relação ao PIB de 17% (com poupança negativa do governo de 5%). Em meados dos anos 70, essa relação era de 25%, com poupança governamental positiva em 5%. Como crescer com nível de poupança tão baixo?

A terceira vara é a da crise nas contas externas. Esse sempre foi um ponto crítico de natureza estrutural. Nos anos 80 e metade dos 90, porém, o Brasil acumulou saldos substanciais na sua balança comercial, que compensaram os déficits na conta de serviços e nas transações correntes. Com a política cambial irrealista do Plano Real, as exportações despencaram e as importações explodiram. Uma combinação que gerou déficits crescentes em conta corrente, compensados por entrada de capitais, em grande parte especulativos. A queda nas exportações foi agravada ainda pela redução relativa de produtos de valor agregado e/ou componente tecnológico elevados, voltando a nossa dependência aos produtos primários e semimanufaturados, com preços vulneráveis às crises internacionais. E a saída para conter as importações e o déficit no balanço de pagamentos foi segurar, com a rédea firme da recessão, o indócil cavalo do crescimento.

A quarta é a da crise nas contas internas, também uma velha deficiência estrutural. Mas, hoje, com uma carga tributária de quase 35% do PIB, o Estado desestruturado, obsoleto e ineficaz não conseguiu sequer preservar as infra-estruturas econômicas e sociais. Vem contendo a fórceps o déficit público e aumentando o endividamento, já acima dos 60% do PIB, com uma forte concentração de vencimentos no curto prazo. Note-se que 35% da dívida interna está dolarizada, e um grande problema não resolvido é o absoluto descontrole do déficit previdenciário.

JOSEF BARAT

Por outro lado, a meta de superávit primário de 3,88% do PIB em 2002 teve um efeito ainda mais devastador sobre programas de governo nas áreas de saúde pública, saneamento básico, abastecimento alimentar e transportes, entre outras. Esse superávit é o que o governo economiza para destinar recursos ao pagamento dos juros da dívida, servindo para fechar as contas públicas com saldo positivo. Para isso, o governo corta gastos e eleva a arrecadação, ou seja, cortam-se recursos destinados aos investimentos e manutenção das infra-estruturas e serviços públicos. Portanto, novamente a recessão foi o objetivo.

A quinta vara é a da reestruturação do setor produtivo. Para exportar mais, ganhar competitividade e elevar a produtividade, é necessário investir na produção e em novas tecnologias. Houve, sem dúvida, avanços consideráveis com o Plano Real, mas, com juros de mais de 20%, os investimentos minguam, o capital se desvia para as aplicações financeiras e, quando muito, se usa mais intensivamente a capacidade instalada. Assim, temos mais recessão, menos competitividade externa e produtos mais caros no mercado interno.

A sexta diz respeito aos grandes dilemas e opções da inserção do Brasil no cenário econômico internacional. Apesar de forte presença em diversos fóruns internacionais, do ponto de vista do futuro da economia e defesa dos nossos interesses, estamos sem rumo. O governo, salvo em raras ocasiões, não tem sabido se valer dos instrumentos de negociação da OMC, tem adotado posições ambíguas sobre o Mercosul e não tem preparada uma agenda positiva para negociar uma futura (e inevitável) entrada na Alca. Não tem implementado, também, uma agenda mais vigorosa contra o protecionismo europeu.

A conseqüência de tanto empenho em promover a recessão e o imobilismo nos levou à sétima vara, que é a do quadro social que se deteriora de forma preocupante. O rendimento real médio dos assalariados reduziu-se quase à metade, entre 1985 e 2001, e a taxa de desemprego aberto anual nas regiões metropolitanas é crescente. Na de São Paulo, está perto dos 20%, à qual se agrega, ainda, o desemprego oculto de 7%. Estudos do IPEA mostram que mais de 20 milhões de brasileiros vivem abaixo da linha de indigência.

Dados como esses são inquietantes e podem representar, em futuro próximo, uma degradação do quadro social que desembocará na perda de controle sobre a violência urbana. Pelos acontecimentos recentes, teremos que apertar ainda mais os cintos. Como disse o grande Millôr, quando uma aeromoça manda apertar o cinto, muito bem. Mas e quando quem manda é o ministro da Fazenda? E, ainda por cima, quando a recessão torna-se o objetivo maior de política econômica, em nome dos sacros princípios do FMI?

(Folha de S. Paulo, 2 de dezembro de 2002)

Duelo de titãs

O todo poderoso secretário do Tesouro norte americano, Paul O'Neill, fez recentemente uma declaração que tornou ainda mais conturbado o mercado financeiro. Disse que *"jogar dinheiro dos contribuintes americanos nas incertezas políticas do Brasil não parece ser muito brilhante"*. Segundo ele, os investidores estariam nervosos com o desfecho da eleição e, sendo assim, ficaria difícil uma ajuda emergencial do FMI. Jogou um galão de gasolina na fogueira, para alegria dos especuladores. Ano passado, no início da crise Argentina, o mesmo O'Neill disse não querer *"uma Argentina que continue a consumir o dinheiro dos carpinteiros e encanadores americanos que ganham US$ 50 mil por ano e se perguntam que diabo estamos fazendo com o seu dinheiro?"*. Ainda bem que os contribuintes americanos são merecedores desse respeito por parte do seu ministro da Fazenda. E é comovedor que os carpinteiros e encanadores tenham quem mostre tanto zelo pelas suas poupanças aplicadas em países distantes e exóticos da América Latina. Pena que contribuintes e trabalhadores americanos não possam ser protegidos das falcatruas da Enron ou da WorldCom. Nem das vergonhosas manipulações em portfólios dos bancos de investimentos. Logo esses, com poder de vida ou morte nas previsões que elevam ou baixam riscos de países periféricos.

Mas, como dizem os franceses – que também brindaram o mercado financeiro com um fantástico embuste –, *"c'est la vie"*. Os nossos carpinteiros e encanadores nem no mais delirante sonho se imaginam ganhando US$ 50 mil por ano. E, além do mais, nossas autoridades financeiras não estão dando a mínima para eles e tampouco para a classe média que busca proteção para as suas poupanças. Se puderem, até as confiscam em nome do enxugamento da dívida pública e, como sabemos, fica por isso mesmo. O importante é cumprir as metas impostas pelo FMI e ajudarmos a proteger os contribuintes americanos. Para isso temos uma das cargas tributárias mais elevadas do planeta e cortamos na carne gastos em investimentos sociais.

E assistimos, perplexos, a um embate de "cachorros grandes". Um duelo de titãs na arena global: de um lado, a chamada "economia real", que produz, gera empregos e renda, amplia mercados e contribui para o aumento da riqueza das nações. De outro, o "sistema financeiro", cujos fluxos representam, cada vez menos, a contrapartida da produção e engrossam "bolhas especulativas" que brincam com ganhos de um pequeno grupo de especuladores, em detrimento do bem-estar das nações. Bolhas que, sabemos, acolhem generosamente dinheiro de todas as procedências, inclusive as que têm origem em atividades à margem da lei. A essa altura, com a globalização dos mercados financeiros, a própria economia real já está se contaminando com as especulações financeiras, como vimos nos escândalos de empresas produtivas consideradas sérias. Afinal, nas "reengenharias" das empresas milhares de trabalhadores são demitidos para enxugar custos diante da competição. Mas os altos executivos multiplicam absurdamente seus ganhos e isso tem que ser, de algum jeito, "maquiado" nos balanços, para ludibriar os acionistas.

No Brasil, de certa forma, estamos acostumados com o jogo Produção *versus* Sistema Financeiro. Ele vem sendo sistematicamente ganho por este último desde os anos 80, muito embora a Produção – especialmente com o esforço da sua ala nacional – tenha lutado bravamente e mantido o placar apertado. Mas o juiz não é muito amigo de quem produz. Pesam sobre a economia real a carga tributária, os juros desproporcionais e as tarifas dos serviços públicos. E o sistema financeiro até pode contar, à maneira de Maradona, com "mão de Deus" para fazer os seus gols. Mas agora estamos assistindo a embates em escala mundial. E são contradições que temos dificuldade em entender. Do lado da produção, vemos grandes conglomerados transnacionais investindo no Brasil, confiantes na expansão do seu mercado interno, enxergando o longo prazo como promissor para a venda de seus produtos e serviços. Fazendo a aposta de que carpinteiros e encanadores brasileiros, além de uma grande massa de pessoas pobres, tenham acesso a um leque mais amplo de bens de consumo e serviços. E consultorias internacionais colocando sempre o Brasil entre os 10 maiores mercados consumidores dos mais diferentes produtos.

Mas, de outro lado, bancos de investimentos e avaliadores financeiros – com visão estreita de curto prazo – colocam o Brasil como equivalente ou pior que países como Nigéria, Colômbia e Equador, para não falar da sofrida Argentina. E, mais contraditório ainda, o FMI elogia o Brasil por ter feito a "lição de casa" (temos tutores, pois não?), o secretário do Tesouro contradiz o FMI e os especuladores ganham fortunas da noite para o dia a pretexto das eleições brasileiras, para embaraço da simpática embaixadora americana. Claro que não podemos dizer que a situação financeira do Brasil a curto prazo seja confortável. Mas sacrificar todo o esforço produtivo, o controle da inflação e a democracia no altar do "mercado" (palavra que hoje, vejam só, designa somente o financeiro) é ato de insanidade política perpetrado em escala mundial.

Quem vai ganhar essa disputa no âmbito da globalização, não sabemos. Se os grandes conglomerados produtivos forem contaminados pelo vírus da especulação financeira, e seus executivos continuarem a gerar "mutretas" colossais para encobrir seus ganhos, estaremos todos perdidos. Sobra para nós. Mas se há uma "lição de casa" que temos que fazer por nós mesmos, sem tutela, é a de fortalecer a produção, ampliar o mercado interno – redistribuindo renda e gerando empregos –, diversificar nossas exportações, fortalecer as infra-estruturas e aliviar a carga tributária, injusta e burra. Temos que ter uma estratégia de crescimento com estabilidade, pensar no longo prazo e ter um Estado moderno, articulado e flexível para induzir e fomentar a produção, além de agências reguladoras independentes e atuantes. Vale, neste momento, o preceito talmúdico: *"se não fizermos por nós mesmos, quem fará?"*. Certamente não será o chamado "mercado", nem os que já estão especulando com a nossa aflição. Que o Penta de Felipão e da seleção nos sirva realmente de lição. Sem os "cartolas", naturalmente...

(Folha de S. Paulo, 29 de julho de 2002)

Agências reguladoras e reforma do Estado

Em extensa reportagem publicada na *Folha de S. Paulo*, foi abordada, de forma competente, a questão da regulação dos serviços públicos. Foi feita, também, uma resenha dos problemas que atingem as chamadas agências reguladoras. Vale a pena, todavia, esclarecer alguns aspectos, situando a questão numa perspectiva mais ampla. Sabe-se que o Estado brasileiro desempenhou, por cinco décadas (1930-1980), papel da maior relevância na ordem econômica. Foi o dínamo do desenvolvimento, induziu mudanças estruturais profundas na economia e atendeu a grande parcela das necessidades geradas pelo crescimento.

A partir dos anos 80, a crise fiscal, o descontrole inflacionário e o esgotamento de um ciclo de crescimento deram origem ao processo de retirada progressiva do Estado. Essa se deu por meio: 1) das privatizações de atividades econômicas (petroquímica, siderurgia e mineração), alienando ativos ou abrindo capital; e 2) das concessões de serviços públicos (telecomunicações, energia, transportes e saneamento). Para melhor entender esse processo, cabe lembrar que o papel do mercado é regular a relação entre a produção e o consumo de bens e serviços, por meio do mecanismo de preços, ou seja, pela interação da oferta e procura. Assim, aquelas atividades econômicas, antes exercidas por empresas estatais – que foram privatizadas –, permaneceram voltadas para o mercado, porém sem artifícios e proteções. Seus produtos passaram a ser avaliados pelos consumidores em termos de preço e qualidade. Deixando de ser produtor, o Estado só intervém em caráter excepcional, basicamente para coibir a formação de cartéis e o abuso do poder econômico. Eventualmente, pode estimular metas de produção, tendo em vista objetivos estratégicos como, por exemplo, exportações e tecnologia.

Mas os serviços públicos desestatizados por meio de concessões não são regulados inteiramente pelo mercado. Num serviço público concedido, a responsabilidade última é do Estado, para garantir, por exemplo, universalidade no atendimento, desempenho em relação a metas, padrões de qualidade do serviço e modicidade das tarifas. Se as empresas públicas que atuavam em atividades econômicas passaram a ter suas ineficiências punidas pelo mercado, num serviço público a incompetência do concessionário pune severamente o usuário e a sociedade. Por isso, é necessária a existência de um ente regulador para controlar, fiscalizar, estabelecer normas e regulamentos. Acrescente-se que assegurar a concorrência, reduzir as incertezas dos investidores e atenuar as assimetrias dos chamados "monopólios naturais" também são funções dessas agências.

Nas décadas em que os serviços públicos eram explorados diretamente por entidades estatais, confundiam-se os papéis de concessionária e poder concedente, de um lado, e de acionista e caixa (Tesouro), de outro. Num novo ambiente econômico, em que empresas privadas exploram os serviços de telecomunicações, energia, transportes e saneamento, os papéis se separam: a mediação entre concedente e concessionária é feita por um ente regulador. Assim, o âmago da questão das concessões de serviços públicos é a reforma do Estado, pela criação de organizações públicas independentes capazes de regular a prestação dos serviços das concessionárias (controle, fiscalização e monitoração), arbitrar conflitos entre atores e defender o interesse público.

As agências reguladoras foram criadas em razão das outorgas de concessões e, portanto, com o fim de regular contratos. As concessões tornaram mais evidentes os conflitos de interesses entre concessionárias e consumidores. Nesse sentido, a arbitragem só pode ser feita por instituições públicas com ampla representatividade e autonomia. Não cabe a essas agências formular políticas públicas, elaborar o planejamento estratégico setorial nem exercer ações executivas. Essas são prerrogativas da administração direta do Executivo, que deve estar institucionalmente preparada e não pode abdicar de suas funções. Acontece que, há 15 anos, vem ocorrendo a ruinosa desestruturação das organizações públicas e dos núcleos de inteligência do governo. A ênfase nas políticas de curto prazo, em razão das crises inflacionárias, diminuiu a importância do planejamento de longo prazo, das estratégias de crescimento e da formulação de políticas consistentes para as infra-estruturas. Somou-se, ainda, a dificuldade no estabelecimento de novo pacto federativo, tendo em vista uma ampla reforma fiscal. A conta do longo descaso está sendo apresentada agora à sociedade, com a crise energética e o estado lastimável das rodovias federais.

O que esperar, então, de um quadro de degradação física das infra-estruturas, com queda significativa da qualidade dos serviços, aviltamento do nível de profissionalização das organizações públicas para gerir e operar serviços e desmonte das organizações públicas? Sem que ocorresse uma reforma mais ampla do Estado, a criação das agências reguladoras surgiu como panacéia para esses males. Mas não cabe a elas saná-los, uma vez que só podem atuar nos segmentos das infra-estruturas que estão (ou serão) concedidos. O restante é e será de responsabilidade de organizações do Executivo, que existem para isso.

Sabe-se que houve muitos problemas com a estruturação e atuação das agências, ante a enxurrada de privatizações: metas contratuais de investimento não foram cumpridas, houve deficiências e queda de qualidade na prestação dos serviços e mecanismos de controle insuficientes, em prejuízo dos usuários. Mas podem-se contabilizar avanços importantes: os consumidores ganharam uma consciência mais clara dos seus direitos e os recursos aos Procons desempenharam um importante papel na defesa dos direitos dos usuários. Hoje, diante da tragédia argentina, até organizações internacionais começam a rever seus dogmas, e urge repensar seriamente a configuração do Estado brasileiro.

(Folha de S. Paulo, 21 de janeiro de 2002)

Crescimento
e reforma do Estado

A realidade de hoje mostra que buscar uma alternativa que propicie crescimento e reduza a agonia social tem um preço, que não pode mais ser o descontrole inflacionário. Não podemos nos intimidar pela ameaça de cenários catastróficos: se estamos em situação mais calma que há um ano ou dois, não é chegado o momento de nos libertarmos da perpetuação desse curto prazo angustiante que está corroendo o tecido social? Quem sabe não haverá ganhos para a sociedade se transcendermos a administração financeira de estilo e ranço salazarista? Mas tal opção exige uma ampla reforma do Estado.

Houve um momento em que, diante do desmoronamento do Estado desenvolvimentista, a desestatização – por meio das alienações de ativos, abertura de capital e concessões – foi apresentada como a saída para a retomada do desenvolvimento. Mas, no caso dos serviços públicos, diante de uma regulação deficiente, poucos investimentos e colapsos freqüentes na sua provisão, a opinião pública vê com muita desconfiança o que lhe foi apresentado como panacéia.

Nos Estados Unidos, a crise na distribuição de energia na Califórnia obrigou a que se refletisse com mais cuidado sobre os problemas da regulação. A nossa reflexão, todavia, deveria voltar-se, igualmente, para a crise maior do Estado brasileiro. Pode-se dizer que, por cerca de cinco décadas, ele desempenhou um papel da maior relevância na ordem econômica, tendo sido o motor do nosso desenvolvimento. Funcionalmente, induziu profundas mudanças estruturais na economia e atendeu à grande parte das necessidades por elas geradas.

Nos anos 80, todavia, entrou em crise, com o esgotamento da sua capacidade de investimento. Se, em 1978, a formação bruta de capital das estatais era de 7,7% do PIB, em 1995 representava apenas 1,5%. O aparelho estatal tornou-se pesado, obsoleto, caro e não seletivo, em termos de ações e definições das reais prioridades do País. Ou seja, se num determinado ciclo histórico a estrutura e a forma de organização estatais – com todas as suas virtudes e defeitos – atenderam às necessidades de desenvolvimento, deixaram de atendê-las quando ocorreu uma degradação muito forte nas capacidades de investir, planejar e formular políticas, acompanhada pelo acúmulo de ineficiências operacionais. Na verdade, esse acabou se tornando um fenômeno disseminado pelas administrações federal, estaduais e municipais, traduzindo-se na crise generalizada das instituições públicas.

Surpreendentemente, até o momento, não houve uma reforma profunda do Estado (como a que ocorreu nos anos 30 e 40), baseada em uma visão estratégica de longo prazo e nas funções que efetivamente as novas estruturas e formas de organização teriam que atender, em termos do desenvolvimento da economia e da sociedade brasileiras.

À crise do Estado e das instituições públicas correspondeu uma degradação acentuada das infra-estruturas econômicas e sociais. Isso porque, durante cinco décadas, o Estado brasileiro, nos diferentes níveis do Executivo, foi responsável direto pelos grandes investimentos e pelas operações das infra-estruturas. Mas a cumplicidade perversa do Executivo e Legislativo – fruto da captura do Estado pelos interesses políticos e privados – acabou por detonar o que havia de excelência, profissionalismo e eficiência nas instituições públicas.

A prolongada estagnação econômica, que nos acompanha desde o início dos anos 80 – associada ao esgotamento do ciclo de substituição de importações –, resultou na degradação das infra-estruturas em geral. Ora, um novo ciclo de desenvolvimento envolverá, necessariamente, a recuperação e expansão dessas infra-estruturas.

Acontece que o Estado perdeu a sua capacidade de investimento, ou seja, passou de um grande poupador e investidor para a condição de detentor de uma poupança negativa. Nos anos 70, a participação da poupança no PIB chegou a 25%, o que propiciou investimentos capazes de gerar taxas médias de crescimento de mais de 7% ao ano. Hoje, temos uma poupança líquida de 14%, o que não sustenta o crescimento continuado da economia. É sempre interessante ter em mente que, entre 1950 e 1980, a economia brasileira aumentou seu tamanho em 745% e, entre 1980 e 1999, em apenas 45%.

Daí o caminho das concessões, com a criação de agências reguladoras, mas que, até agora, só contemplou ativos existentes. Numa retomada de crescimento, haverá uma pressão muito violenta sobre as infra-estruturas, que terão de ser recuperadas e ampliadas, aumentando seus níveis de eficiência. Haverá necessidade, portanto, de investimentos públicos, pois boa parte das infra-estruturas não pode ser concedida.

Acontece, porém, que nas duas últimas décadas o Estado brasileiro tornou-se refém das políticas de curto prazo e não se buscou seriamente uma resposta para o seu papel num novo ciclo de desenvolvimento.

Com as instituições públicas despreparadas para fazer frente ao crescimento, nas últimas duas décadas não nos libertamos das políticas de estabilização de curto prazo e esquecemos de pensar e planejar o próprio futuro do País.

(Folha de S. Paulo, 12 de março de 2001)

O Estado como refém das políticas de curto prazo

Os fatos relacionados com as diferentes formas de desestatização, consideradas as alienações de ativos, a abertura de capital, as concessões ou terceirizações, decorreram fundamentalmente do agravamento da crise do Estado brasileiro. Pode-se dizer que, por cerca de cinco décadas, o Estado desempenhou um papel da maior relevância na ordem econômica, tendo sido o motor do desenvolvimento do País. Funcionalmente, induziu profundas mudanças estruturais na economia e atendeu a grande parte das necessidades por elas geradas. No entanto, a partir de certo momento, entrou em crise, com o esgotamento da sua capacidade de investimento. O aparelho estatal tornou-se pesado, obsoleto, caro e não seletivo, em termos de ações e definições das reais prioridades da sociedade. Ou seja, se num determinado ciclo histórico a estrutura e a forma de organização estatal – com todas as suas virtudes e defeitos – atenderam às necessidades de desenvolvimento, deixaram de atender a essas necessidades quando ocorreu uma degradação muito forte nas capacidades de investir, planejar e formular políticas, acompanhada pelo acúmulo de ineficiências operacionais. Fenômeno esse que se disseminou pelas administrações federal, dos Estados e municípios. Assim, a crise do Estado traduziu-se concretamente na crise generalizada das instituições públicas. Até o momento, não houve uma reforma profunda baseada em uma visão estratégica de longo prazo, consideradas as funções a que efetivamente as novas estruturas e formas de organização do Estado teriam que atender, em termos do desenvolvimento da economia e da sociedade brasileiras. À crise do Estado e das instituições públicas correspondeu uma degradação acentuada das infra-estruturas econômicas e sociais. Isso porque, durante cinco décadas, o Estado brasileiro, nos diferentes níveis do Executivo, foi responsável direto pelos grandes investimentos e pela operação das infra-estruturas. No início do século, tais investimentos e operações eram feitos por empresas privadas, em geral estrangeiras, por meio de concessões de longo prazo. No entanto, a partir da crise da economia no início dos anos 30 – com o fechamento da economia, o processo de industrialização acelerada, a substituição de importações e a instituição das reservas de mercado –, a tarefa de investir e operar infra-estruturas passou, gradualmente, para as mãos do Estado. Portanto, quando se fala, hoje, em desestatização, valendo-se das privatizações e concessões, estamos falando, na verdade, não de uma simples volta ao passado, mas de uma reforma em profundidade, a ser feita necessariamente na estrutura do próprio Estado. Há, obviamente, uma diferença importante em termos do que se desestatiza. De um lado, temos as chamadas *atividades econômicas*, ou seja, a produção de bens ou de serviços regulada exclusivamente pelo mercado. De outro, a privatização, entre aspas, de *serviços públicos*, que não são regulados inteiramente pelo mercado, mas que têm o Estado como responsável e detentor da titularidade do serviço. Nesse caso, transferem-se apenas a execução dos investimentos e a operação para um consórcio ou empresa privada, habilitados para tal. Após a prolongada estagnação econômica, que teve início nos anos 80 – na verdade associada ao esgotamento do ciclo de substituição de importações –, e a degradação das infra-estruturas em geral, um novo ciclo de desenvolvimento envolverá, necessariamente, a recuperação e a expansão dessas infra-estruturas. Acontece que o Estado perdeu a sua capacidade de investir e passou de um grande poupador e investidor para a condição de detentor de uma poupança negativa. Com isso, não se consegue dar sustentação a um crescimento continuado da economia. E se por acaso houver retomada de crescimento, a pressão será muito violenta sobre as infra-estruturas existentes. Obviamente, elas terão de ser recuperadas e ampliadas, inclusive aumentando seus níveis de eficiência, para atender a essas necessidades.

Desestatização e reforma do Estado

É importante esclarecer o contexto que vem sendo apresentado até agora, para que se tenha uma idéia mais clara sobre o processo de desestatização ocorrido recentemente, por meio de uma sucessão de privatizações e concessões. Ele representa uma virada histórica, no sentido de encontrar uma solução para o aporte de capitais e de realizar investimentos em setores infra-estruturais necessitados de recuperação, principalmente naqueles diretamente operados pelo setor público. Como nas duas últimas décadas o Estado brasileiro acabou tornando-se refém das políticas de curto prazo, não se tem ainda uma resposta para o seu papel num novo ciclo de desenvolvimento. Que funções deverá desempenhar, que necessidades deverá atender e de que forma deverá estruturar-se para isso. Porque, como já foi dito antes, perderam-se as idéias relacionadas com o planejamento estratégico, a formulação de políticas de longo prazo e a visão estrutural do processo de desenvolvimento. Há vinte anos, patina-se num terreno movediço de políticas de estabilização de curto prazo, sem perspectiva de maior alcance quanto ao futuro do país. É claro que a nova configuração do Estado não será mais a de um Estado centralizador, onipresente e por vezes *mastodôntico*, e que, por certo, não estará totalmente ausente da vida econômica. E, dadas as características do País – em termos de extensão territorial, grandes desequilíbrios regionais e pessoais na distribuição de renda e grandes carências no suprimento de serviços públicos essenciais –, muitas de suas instituições deverão ter a função de intervir na ordem econômica. Por outro lado, junte-se a essa tendência o chamado processo de globalização que, de alguma forma, fez pressão para que houvesse mudanças na estrutura do Estado. Como se não bastassem a crise fiscal e a dificuldade quase crônica de fechar as contas públicas, com a globalização financeira ocorreu o colapso de todo um sistema de garantias governamentais que permeava a obtenção de financiamentos externos, principalmente junto às entidades de fomento internacionais, como o Banco Mundial, o Banco Interamericano e o próprio BNDES. Cabe acrescentar, ainda, a impossibilidade do governo de financiar investimentos por meio da inflação, uma vez atingida a estabilização da moeda. Grande parte do esforço de investimento nas infra-estruturas foi feito, no passado, às custas da inflação, com o governo emitindo, gastando aquilo que não podia e investindo pesadamente, de forma que a sociedade era penalizada pelo imposto inflacionário. Contudo, durante algum tempo, o imposto inflacionário ainda ofereceu a contrapartida de um volume considerável de investimentos produtivos. Hoje, esse mecanismo já não pode mais ser utilizado. Também deixaram de existir os tributos vinculados a usos setoriais, como havia para rodovias, energia elétrica e telecomunicações. Tais tributos formaram uma base de sustentação aos investimentos públicos nesses setores, ao servirem, também, como contrapartida para os financiamentos externos. Deve-se reconhecer que, atualmente, do ponto de vista da capacidade de investimento, vive-se o pior dos mundos, porque não há possibilidade de se recuperar no curto prazo níveis razoáveis de investimento público, uma vez que os mecanismos convencionais (recursos a fundo perdido ou empréstimos para o governo) simplesmente não podem ser mais acionados. Além, é claro, do comprometimento absurdo de recursos do governo federal para o cumprimento das metas financeiras de curto prazo estabelecidas nos acordos com o FMI e o sistema financeiro internacional. Na verdade, todo esse esforço de desestatização e de privatizações foi feito no sentido de fechar as contas públicas, como ocorreu na maioria dos Estados, inclusive no Estado de São Paulo, e, também, no próprio governo federal para fechar as suas contas internas e externas.

A influência da globalização

Ao longo dos anos 70 e metade dos 80, prevaleceu um modelo de associação de interesses que teve muita importância no modo como os mecanismos de financiamento operaram no período: as associações de interesses e as parcerias entre grupos multinacionais, privados nacionais e empresas estatais. Era o famoso *modelo tripartite*, e muitos dos grandes empreendimentos no país foram executados pela associação das três partes. Um exemplo interessante disso foi a implantação da indústria petroquímica. Com a globalização, um quarto personagem passa a desempenhar papel importante em fins dos anos 80 e início dos 90. Com o brutal endividamento do Estado e das empresas privadas, os credores passam a querer participar também das parcerias e associações, principalmente nas privatizações. O Brasil é um país interessante pelo seu tamanho, pela escala dos mercados para a prestação de serviços e pelas necessidades gigantescas de investimento, não só para a recuperação das infra-estruturas, como para futuras expansões. Portanto, houve uma pressão, vinda do exterior, para que se acelerasse o processo de privatizações no País. Não é mera coincidência, assim, o fato de que grandes bancos e instituições financeiras privadas se interessaram e estiveram na linha de frente da organização dos consórcios que participaram das privatizações. É claro que essa pressão do capital financeiro se deu, também, devido à fragilidade do País e à vulnerabilidade cada vez maior de seu balanço de pagamentos. A crise de duas décadas – de natureza estrutural e não resolvida – expõe o País continuamente às sucessivas crises internacionais. Nesse sentido, a pressão pelas privatizações ganhou uma dimensão maior, na medida em que era necessário também gerar receitas, atrair capitais externos, poder fechar as suas contas externas e equilibrar o balanço de pagamentos. Se, hoje, a participação privada é imprescindível – importante para diminuir o peso do Estado e desonerar a sociedade das suas ineficiências –, o processo de desestatização deve ser visto como uma melhor alocação dos fatores de produção e recursos do País. E os fatores mais escassos para o Brasil são o capital e a tecnologia. Mas não se pode ver o processo de privatizações dissociado da idéia de reestruturação do Estado. É preciso saber com exatidão qual o papel do setor privado no desenvolvimento dessas atividades, em especial os serviços públicos, e o que o governo, como poder concedente e titular desses serviços, pretende e como se organiza para isso. Se a política de desestatização voltar-se meramente para o objetivo de fazer caixa e fechar as contas públicas, é provável que as privatizações e concessões não cumprirão o seu papel maior e mais importante, que é o de alocar melhor os recursos escassos da sociedade e dividir melhor tarefas entre os setores público e privado. Se, ao contrário, as privatizações basearem-se em estratégias de longo prazo, no suporte ao futuro desenvolvimento e, principalmente, no atendimento às necessidades de universalização dos serviços, melhor atendimento dos consumidores e melhoria de qualidade, é claro que terão um alcance maior. Seguramente não se pode dizer, no que se refere às privatizações (CSN, CVRD e petroquímica) e às concessões (ferrovias, portos e energia elétrica) do governo federal, que tenham sido feitas com objetivos de natureza estratégica ou com pensamento de longo prazo. Grande parte delas foi feita, realmente, no sentido de resolver problemas imediatos de caixa do governo. Determinadas atividades que oneravam o orçamento público tinham, portanto, de ser vendidas ou transferidas para o setor privado, por meio de concessões. A visão, nesse sentido, era simplesmente fazendária, e não econômica nem estratégica. É claro que isso em si não invalida as concessões, até porque não haveria outra forma de se recuperar essas infra-estruturas, dada a incapacidade de investimento público. Mas, talvez, pudessem ter sido feitas com uma visão de mais longo alcance. A recuperação das infra-estruturas de transporte, energia, telecomunicações e saneamento não é tarefa essencialmente estatal. O Estado não precisa, necessariamente, ser o investidor ou o operador direto, mas tem de, pelo menos, saber qual a funcionalidade dessas infra-estruturas diante de um novo ciclo de desenvolvimento. Cabe principalmente ao Estado definir metas de investimento, objetivos de universalização e padrões de qualidade. No caso brasileiro, as deficiências das infra-estruturas são, de modo geral, responsáveis pelo encarecimento da produção nacional e pela perda de competitividade das exportações (é sabido que os custos de transporte, de embarque nos portos, das telecomunicações e do suprimento de energia oneraram pesadamente a produção nacional e tiraram do País competitividade durante muito tempo). Então, essa recuperação deveria ser feita de qualquer forma e de maneira urgente.

O papel do Estado num novo ciclo econômico

A questão central, portanto, relacionada com a desestatização é a dos papéis a serem desempenhados pelo Estado e pelo setor privado. Na verdade, não se trata de cair numa armadilha ideológica, a da discussão quanto ao Estado ser ou não necessário, ser mais ou menos intervencionista ou, mesmo, ausente da economia. Não é propriamente discutir se se quer um modelo de intervenção absoluta do Estado ou de liberalismo total, em que o Estado não está presente. Essa discussão não tem sentido, até porque as soluções que nós teremos de encontrar são soluções de compromisso. Como, aliás, todos os países mais desenvolvidos vêm encontrando. O jogo da globalização é muito pesado, e o que hoje acontece na cena do comércio internacional de bens e serviços é regulado por um organismo criado especificamente para isso: a Organização Mundial do Comércio. Desde a chamada "*abertura*", no início do governo Collor, o Brasil não sabe bem como utilizar esse mecanismo e defender seus direitos. A abertura foi, sem dúvida, exagerada, sem exigir contrapartidas e sem fazer negociações mais equilibradas com os seus parceiros comerciais. Mas a questão mais profunda, hoje, diante da extrema complexidade da globalização, do comércio internacional e da agilidade dos fluxos financeiros, consiste em discutir quais funções do Estado se pretende reestruturar, dando suporte a um novo ciclo econômico e de prosperidade. Para isso, é importante que não se fique diante apenas de uma reforma administrativa. Ou seja, reformas administrativas já foram feitas no País, no sentido de dar mais dinamismo e aumentar a capacidade de resposta da administração pública. Mais necessária que uma reforma administrativa é a reforma da estrutura do Estado. E é claro que não haverá reforma administrativa nem do Estado, no seu sentido mais amplo, se não houver uma reforma política. Porque um dos grandes causadores, se não o maior, do quadro caótico da administração pública brasileira, em todos os níveis de governo, é o sistema político eleitoral e suas implicações com a estrutura governamental. O fato é que os políticos capturam as instituições públicas para si, para os seus objetivos e seu benefício. Um Estado cada vez mais complexo não pode repetir os padrões do Estado patrimonialista da época colonial, do Império ou da República Velha. Trata-se de uma outra concepção de organização, que os políticos não têm a menor idéia do que seja e não têm o menor interesse em transformar. Portanto, à medida que se apoderam do Estado para atender a seus objetivos político-eleitorais, o Estado deixa de ser funcional e de atender às necessidades da sociedade. Por outro lado, à medida que os serviços públicos foram sendo operados por empresas estatais, deixou de existir, na prática, a diferenciação entre poder concedente e concessionária, entre o acionista majoritário da empresa e o caixa do governo que cobria os buracos da ineficiência estatal. Nesse ambiente de "promiscuidade", em que não havia separação nítida entre poder concedente e concessionária, entre o acionista e o Tesouro – não havendo, portanto, a regulação da prestação dos serviços –, o usuário não era visto como consumidor ou cliente. A perspectiva era de uma demanda agregada nos cálculos dos burocratas da empresa estatal. Isso mudou, e a mudança é positiva. Esse fato, entretanto, não exime os erros cometidos pelas concessionárias privatizadas. Contudo, a grande vantagem da concessão é que a concessionária não é mais juiz e jogador ao mesmo tempo; essas funções estão separadas. O acionista da concessionária não pode recorrer ao Tesouro para cobrir o seu déficit. A grande mudança nas regras do jogo é que a concessionária é responsável pela gestão financeira do seu negócio, e só pode ser ressarcida no caso de um desequilíbrio econômico-financeiro por causas externas ao seu contrato de concessão. Ou seja, por fatores intervenientes que sejam fortuitos ou de força maior, ou que não dizem respeito ao que reza o contrato em si. Essa é, sem dúvida, uma mudança importante, que irá beneficiar o consumidor que tenha consciência e atue de forma organizada. Para a concessionária, por seu turno, a concessão será um bom negócio, uma vez que ofereça rentabilidade para os acionistas. E será uma boa concessionária se for bem fiscalizada e controlada por uma entidade pública e pela sociedade. Daí que dois movimentos importantes devem se seguir às concessões de serviços públicos: a consolidação de agências reguladoras com independência e credibilidade; e a organização dos consumidores em associações capazes de fazer valer seus direitos.

Considerações finais: reforma do Estado e cidadania

O processo de conscientização e de ampliação da cidadania é o grande benefício advindo das desestatizações por meio de concessões, no caso dos serviços públicos. Na verdade, a privatização da Companhia Vale do Rio Doce, da Companhia Siderúrgica Nacional ou da Petroquisa não afeta muito a opinião pública em geral, porque essas empresas são voltadas para atividades econômicas. A produção dessas empresas é regulada pelo mercado e, dessa forma, elas têm de ser competitivas e ganhar o seu espaço no mercado. O governo, quando muito, pode, por razões de política econômica, incentivar determinadas metas de produção ou exportação, mas não intervém na atividade econômica em si. Nos casos citados, a opinião pública pode ser crítica quanto à forma como essas empresas foram privatizadas, mas não quanto ao conceito de que suas produções são reguladas pelo mercado. No caso do serviço público, as coisas se passam de forma diferente. Se há uma ineficiência por parte da concessionária, quem paga a conta é o consumidor. É claro que se poderia argumentar que, se em última análise a

CSN produz um aço mais caro e a indústria automobilística compra esse aço, o consumidor vai acabar pagando mais caro pelo automóvel. E é óbvio que no Brasil essas coisas acontecem; mas, uma vez que exista competição e um mercado ativo que regule essas atividades, a possibilidade é menor. Num serviço de utilidade pública, não. Por isso, é necessária a regulação por parte do Estado, pois os mercados apresentam imperfeições, e a insuficiência de renda exclui parte da população do acesso aos serviços. Assim, é importante que o Estado se estruture adequadamente para regular as concessões. E essa é a função das chamadas agências reguladoras. Ou seja, o Ministério das Minas e Energia (MME), por exemplo, não funcionará mais com sua estrutura tradicional. A Eletrobrás, que era responsável pelo planejamento, financiamento e operação do sistema elétrico, restringir-se-á à atividade de planejamento e definição de estratégias. O MME criou uma agência (Aneel) para exercer a regulação, monitorizar resultados, acompanhar desempenho e qualidade e arbitrar conflitos entre o poder concedente, as concessionárias e a sociedade. Se o Estado existe para proteger os seus cidadãos, supõe-se que as agências reguladoras arbitrem os conflitos em favor da parte mais fraca, que é o consumidor. E mesmo que elas não façam isso adequadamente, já se dispõe, hoje, de outras estruturas paralelas que atuam nesse sentido. Há toda uma legislação de defesa do consumidor, órgãos de defesa do consumidor e ações do Ministério Público que, na verdade, são novidades relativamente recentes. Enfim, todo processo de mudança, de reestruturação do Estado e de participação privada constitui uma transição difícil, às vezes até desastrosa, como ocorreu em muitos países. Mas, também, contribui para o aperfeiçoamento do próprio Estado e da sociedade, que passa a exigir seus direitos e se coloca de forma mais ativa na exigência de serviços universalizados e de melhor qualidade.

(Cadernos Fundap nº 22, 2001)

Vamos conformar-nos com a estagnação?

Em sua essência, o Real procurou: 1) tirar proveito do aumento da liquidez internacional, atraindo aplicações em fundos de capitalização de curto prazo; e 2) promover maior abertura das importações, tornando mais elástica a oferta interna de bens de consumo. Juros altos e câmbio valorizado foram as chamadas "âncoras" do Plano. Assim, nas contas externas ampliaram-se as reservas, mas inverteu-se fortemente a tendência de acumular saldos comerciais positivos. Análises de longo prazo mostram a gravidade dessa inversão. Entre 83 e 94, o saldo comercial (exportações/importações) apresentou acumulado de US$ 147 bilhões (históricos) e a média anual de US$ 12,3 bilhões. Com exceção de 83 e 86, houve sempre saldos acima de US$ 10 bilhões e, em 88, chegou-se a US$ 19,2 bilhões. A partir de 95, começou a formação de saldos negativos crescentes, ou seja, de US$ 3,5 bilhões para US$ 6,6 bilhões em 98. Apesar do crescimento econômico medíocre, as importações praticamente dobraram entre 94 e 98, passando de US$ 30,1 bilhões para US$ 57,7 bilhões.

Na conta corrente, a necessidade de gerar saldos comerciais deveu-se, basicamente, a déficits crônicos nos serviços, que, entre 88 e 94, alcançaram a média anual de US$ 12,2 bilhões. Nesse grupo, somente despesas com juros representaram a média de US$ 9,3 bilhões. Os fretes marítimos e a remessa de lucros na forma de dividendos também oneraram os serviços. Apesar das distorções crônicas, no longo prazo e em termos médios anuais, os saldos gerados pela balança comercial pagaram os déficits nos serviços. Note-se que, em 1994, o déficit em transações correntes (mercadorias e serviços) era de US$ 1,7 bilhão. Em 1995, porém, atingiu praticamente os US$ 18 bilhões, quase dobrando em 98 (US$ 33,6 bilhões), por força do aumento descontrolado das importações, pagamento de juros e remessa de lucros.

Num primeiro momento, o Real favoreceu a massa de consumidores e garantiu dividendos políticos para o projeto da reeleição. Mas, como não houve preocupação com as questões estruturais do combate à inflação, a sucessão de crises externas afetou drasticamente a liquidez internacional do País, pela drenagem de suas reservas. Estas, que haviam aumentado de US$ 30 bilhões, no início de 94, para US$ 51,3 bilhões em 97, reduziram-se para US$ 43,2 bilhões em 98. Assim, a necessidade de conter déficits da balança comercial tornou-se vital para a sobrevivência econômica do País.

Ao manter a estabilidade de preços gerando grave desequilíbrio no balanço de pagamentos, foi esquecida a tradição de contê-los pela manipulação do câmbio e estímulo às exportações. Com o Real, obteve-se a estabilidade pela rigidez da política cambial com endividamento externo de curto prazo, atraindo capital com taxas de juros exorbitantes. Isso provocou redução de investimentos produtivos e hipertrofia de aplicações financeiras. A opção pelo endividamento externo, para financiar crescimento do consumo e especulação, foi consciente. Não houve preocupação com crescimento e geração de empregos. As privatizações também refletiram imediatismo e má utilização de recursos arrecadados.

É difícil imaginar cenário otimista em que se possa contornar a crise no balanço de pagamentos seguindo a rígida política definida pelo Real. Mesmo com regras mais flexíveis em relação a câmbio e juros, os riscos são elevados em razão do vulto dos problemas acumulados e da dificuldade de enfrentar suas raízes estruturais. Estamos seguindo formalmente – embora sem cumpri-la – a estratégia-padrão do FMI para debelar crises provocadas por turbulências cambiais e ataques especulativos. Excluídos controles e intervenções fora dos mecanismos de mercado, o importante, nessa estratégia, é a remoção de obstáculos à circulação de capitais e às aplicações financeiras. Em síntese, pode-se dizer que ela induz à compressão da demanda para aumentar a capacidade de pagamento do serviço da dívida externa. A "novidade" é que a recessão deixa de ser vista como mal, para ser considerada como o objetivo a ser perseguido. Bloqueia-se, assim, por completo a visão do longo prazo.

Estamos vivendo hoje o pior dos mundos. Seguimos a "cartilha" do FMI no que ela tem de pior, ou seja, fazendo tudo para encarar a recessão como "bem", e não cumprimos o que seria benéfico para o País, como a reforma tributária e a da Previdência. Quanto ao ajuste fiscal, cabe lembrar que o governo americano equilibrou suas contas e obteve excedente fiscal pelo caminho oposto: a economia cresce há dez anos. Aqui, o Estado é detonado no que tem de melhor, deixando-se vicejar o rebotalho do patrimonialismo. E o mais grave é não haver esperança de crescimento, quando já demos demonstrações de capacidade de crescer: taxas médias anuais de 6% entre 1880 e 1980 e de 7% entre 1947 e 1980. Recessão, desemprego, falta de perspectivas e frustrações são ingredientes explosivos para o futuro próximo.

(O Estado de S. Paulo, 18 de fevereiro de 2000)

Materialismo histórico e monetarismo histérico

Em passado não tão longínquo, os economistas debatiam questões estruturais relacionadas as transformações econômicas e sociais que permitiriam superar o subdesenvolvimento. A esquerda tinha como referencial de análise o materialismo histórico e o determinismo econômico. Novos modos de produção e mudanças tecnológicas, com a ajuda do intervencionismo estatal, promoveriam as alterações estruturais. A direita valorizava as forças do mercado e o papel do capital privado em induzir inovações no processo produtivo e aumentos de produtividade. Ao centro, por assim dizer, caminhava-se por soluções de compromisso em que os desequilíbrios do subdesenvolvimento seriam corrigidos por políticas públicas que combinassem ações do Estado e a dinâmica do mercado. Lidava-se, então, com planejamento, teorias e estratégias de crescimento e políticas compensatórias. Os mais lúcidos já vislumbravam o que viriam a ser o desastre soviético, as privatizações de serviços públicos, a revolução da telemática ou a globalização.

Esses acontecimentos acabaram por influenciar os rumos do debate econômico. As mudanças tecnológicas ocorreram com tamanha velocidade, que muitas transformações estruturais se deram a despeito de planos, estratégias e políticas públicas. Mas o impressionante foi a emergência do chamado Neoliberalismo como referencial básico do debate econômico e o abandono das considerações de natureza estrutural e das perspectivas de longo prazo. Se, por opção ideológica, a esquerda mais radical tinha se tornado refém do materialismo histórico e do determinismo, impedindo-se de criar alternativas de pensamento mais adaptadas às mudanças, a direita radical entregou-se ao monetarismo histérico, no qual os mercados financeiros passaram a ditar os rumos da Humanidade. Hoje, a busca de uma "Terceira Via" revela a necessidade de obter a alforria para as duas formas de escravização do pensamento. Pena que poucos estadistas sejam capazes de dar suporte a esse caminho.

Josef Barat

Uma nova geração de economistas fala de "mercados emergentes" e volatilidade do capital especulativo. O monetarismo histérico fortaleceu-se, adquirindo ares de ideologia, mas as sucessivas crises financeiras e cambiais que atingiram as economias emergentes mostraram a crueza de um mundo à mercê dos movimentos fugazes de capital. Decisões de transferência maciça de recursos em moeda forte de um país para cobrir perdas em outro ou aplicações mais seguras num terceiro – os chamados "ataques especulativos" – colocam populações inteiras na condição de reféns da histeria do mercado financeiro. Recessão, desemprego e falta de perspectiva quanto ao futuro fazem parte do elenco de conseqüências, e os "remédios amargos" prescritos por instituições internacionais são adotados a contragosto pelos governos.

Como é inconcebível o retorno à inflação descontrolada, com seu séquito de iniqüidades, a curtíssimo prazo não restam, a rigor, muitas alternativas quanto à forma de se defender dos ataques especulativos e minimizar os efeitos das crises internacionais. Mas, na verdade, o governo brasileiro limitou-se basicamente a elevar a taxa de juros, o que contribuiu para desaquecer o consumo e a produção, além de gerar desemprego e elevar o custo das dívidas privada e pública. Por ter optado pela estabilização monetária ancorada no câmbio e nos juros, sem que num primeiro momento fossem promovidas reformas de vulto nos sistemas tributário, previdenciário e administrativo – além de não conter os seus próprios gastos –, o governo tornou-se prisioneiro de sua política econômica. Mais grave, ainda, foi a ausência de uma discussão mais aprofundada quanto às mudanças estruturais e estratégias necessárias para dar sustentação a um novo ciclo de desenvolvimento.

O Plano Real foi bem-sucedido em promover a estabilidade dos preços, mas ao custo de uma enorme instabilidade nos níveis de produção e consumo. Temos necessidade de financiamento externo para cobrir o déficit em conta corrente e a situação se agrava por ser o déficit fiscal a ele equivalente. Assim, recorremos aos recursos externos para cobrir os gastos públicos, uma vez que o governo continuou a gastar de forma desmedida, especialmente no jogo da reeleição. Agora nos cabe tomar os "remédios amargos" e sofrer as conseqüências. Como sempre, a receita incluirá uma dose cavalar de aumento de impostos, que é o que o governo sabe e gosta de fazer, principalmente atingindo a classe média.

Esperemos, portanto, que no segundo mandato de um presidente com reconhecido equilíbrio emocional e desenvoltura no trânsito pelos radicalismos possamos deixar de lado a *histeria* para nos voltarmos para a *história*. Afinal, com o potencial produtivo e de mercado que tem, o Brasil já soube superar de forma inteligente crises igualmente graves. Não se trata, obviamente, de voltar ao "modelão" das reservas de mercado e proteção das ineficiências sob o manto da inflação. Trata-se de raciocinar em termos prospectivos de longo prazo, no sentido de expor o País à comunidade internacional, não como um aluno relapso que não faz as lições de casa (o que, em parte, é verdade), mas como uma economia amadurecida, diversificada e com uma capacidade de mudança e recepção de capital produtivo, sem paralelo entre as "emergentes".

(Folha de S. Paulo, 28 de outubro de 1998)

Crises asiáticas, maldades brasileiras

A crise dos tigres do Sudeste Asiático mostrou que, se eles não são de papel, como o velho camarada Mao queria representar o capitalismo, são feitos de material pouco resistente às investidas do capital especulativo. Como numa crônica da crise anunciada, inúmeros alertas foram dados quanto às reais possibilidades de outros países em desenvolvimento serem atingidos duramente pela especulação financeira, entre eles o Brasil. Apesar de anunciada, a crise nos atingiu em cheio e, como sempre, reagimos em cima dos acontecimentos com a edição de mais um pacote econômico. Este nos trouxe de volta os velhos temores e inseguranças do passado, em decorrência das improvisações e inconsistências usuais nesse tipo de reação paliativa.

A seu favor – e não é pouco –, o pacote mostrou a determinação de preservar a estabilidade monetária e não ceder às tentações demagógicas como nos ajustes feitos em planos anteriores. Todavia, os velhos cacoetes (atávicos nas ações de governo) estiveram presentes: elevação de juros para desaquecer o consumo, aumento da tributação sobre a classe média e medidas isoladas em relação ao funcionalismo público, além de aspectos pitorescos – no melhor estilo do realismo fantástico – como o aumento das taxas de embarque nos aeroportos e o corte nas bolsas de estudantes de pós-graduação. Mas melancólica mesmo foi a associação da crise, e da conseqüente edição do pacote punitivo, à não aprovação das reformas pelo Congresso Nacional.

Todos sabem que esse não é o templo das virtudes, nem o foro de discussão das estratégias para solucionar os grandes problemas nacionais. O Congresso representa interesses corporativos, é provinciano, gosta de trocar pequenos favores e tem atitudes apenas reativas. Mas todos sabem, também, que o Congresso é espantosamente dócil ao aceitar que o Executivo governe por meio de medidas provisórias e sua docilidade é enorme no primeiro ano de mandato do presidente. Isto posto, se as reformas mais importantes não passaram no primeiro ano e se muitas ações transformadoras não se deram por meio de medidas provisórias, a culpa não pode ser atribuída somente aos parlamentares.

Por outro lado, cabe indagar se as reformas encaminhadas pelo Executivo são tão profundas e consistentes a ponto de terem podido prevenir e debelar a crise anunciada, caso tivessem sido aprovadas anteriormente. Será que o escopo das propostas de reforma administrativa e previdenciária encaminhadas ao Congresso altera em profundidade a natureza patrimonialista e a estrutura arcaica do Estado brasileiro, preparando-o para o século XXI? Será que podem ser chamados de reformas conjuntos desalinhados de medidas que visam aliviar o Tesouro, numa perspectiva de resolver problemas emergenciais? Será possível falar em reformas colocando em plano secundário a mais importante delas, a tributária? Não é contraditório o Executivo falar em urgência das reformas e propor medidas tributárias isoladas (do tipo CPMF ou adicional ao Imposto de Renda das pessoas físicas) sem uma perspectiva abrangente e estrutural da flagrante inadequação do nosso sistema fiscal?

Mais surpreendente, ainda, em todo o debate da crise anunciada é a absoluta falta de espaço para os temas ligados aos aspectos estruturais da nossa crise maior, a do crescimento. Pouco se fala da necessidade de se recuperar a formação de capital do País. A proporção da poupança em relação ao PIB, que já atingiu 24% nos anos 70, hoje situa-se em torno dos 17%. A poupança do governo é negativa, a das famílias é baixíssima e a das empresas vem declinando em função de uma carga tributária irracional. Será necessário incrementar substancialmente os investimentos públicos e privados para fazer frente à demanda de cerca de 1,3 milhão de empregos ao ano. O debate sobre a retomada do crescimento, de forma sustentada e sem comprometer a estabilidade da moeda, deverá ocupar, sem dúvida, a agenda política daqui para a frente.

Caso contrário estaremos condenados a permanecer na primeira lição das políticas de estabilização, que, para serem eficazes, atuam num primeiro momento por meio de juros altos e câmbio valorizado, visando atrair capitais externos e conter preços pelas importações. Mas, como diz o ex-ministro Camilo Penna, expoente da sabedoria mineira, "tais políticas devem ser *curtas* e *rasas* e acompanhadas por reformas rápidas e de caráter estrutural". A finalidade das reformas é a de reverter o déficit público, estimular a poupança e a formação de capital, bem como reestruturar as bases do crescimento econômico.

Quando as políticas de estabilização são longas e profundas, acopladas a reformas superficiais e sem perspectiva de longo prazo, tornam-se vulneráveis e não servem para dar sustentação a um novo ciclo de desenvolvimento. Acresce que juros e câmbio, ao ancorarem a estabilização, passam hoje a ser instrumentos de reação à volubilidade e aos sobressaltos dos fluxos financeiros internacionais e não preços resultantes da interação de oferta e demanda no mercado. O que nos coloca, mais do que nunca, diante da necessidade de formular políticas econômicas e sociais que contemplem uma visão estratégica do desenvolvimento do País. Com a munição e os movimentos táticos de um "*saco de maldades*" pode-se ganhar uma batalha, mesmo com custos elevados para a sociedade. Mas, certamente, não se ganha a guerra.

(O Estado de S. Paulo, 10 de dezembro de 1997)

Quem tem medo do crescimento?

Com 15 anos de estagnação e incertezas quanto à retomada do desenvolvimento de forma sustentada, um dado surpreendente é o de que, no período de cem anos, entre 1880 e 1980, a economia brasileira foi a que apresentou a mais elevada taxa média de crescimento do mundo: cerca de 6% ao ano. Ou seja, chegando com um atraso de quase um século à Revolução Industrial, o Brasil conseguiu implantar um parque industrial de porte e amplitude respeitáveis e melhorar o padrão de vida de significativa parcela da sua população. Nada mal para um país que viveu a maior parte da sua história em total isolamento (até 1808), sob o jugo obscurantista da Inquisição (até 1820), e com a ferida aberta da escravidão (até 1888). É claro que tantos e tão prolongados males afetaram o caráter nacional – mesmo dos imigrantes vindos posteriormente de todas as partes do mundo –, pois até hoje somos muito atraídos pelo isolamento, obscurantismo e desvalorização do trabalho. No entanto, é surpreendente que, carregando toda essa herança negativa, o povo brasileiro seja mais cordial e menos preconceituoso que europeus, norte americanos e japoneses, como também muito aberto às inovações tecnológicas e ao conhecimento.

Nos cem anos de crescimento acelerado, a economia brasileira atravessou dois ciclos de cinqüenta anos que transformaram radicalmente o País. Entre 1880 e 1930, o País inseriu-se na dinâmica do mercado mundial como exportador de produtos primários – ou seja, matérias-primas e alimentos não processados – e importador de bens manufaturados. Foi o ciclo do chamado modelo "primário exportador", o qual, na medida em que as relações de troca eram satisfatórias, proporcionou uma significativa acumulação de riquezas e a consolidação das infra-estruturas ferroviária, portuária e urbana. Com um crescimento populacional relativamente baixo e a pobreza confinada ao campo, as cidades brasileiras tiveram uma fase gloriosa de progresso e universalização da cultura. Enfim, uma globalização embalada no charme de um crescimento que não abalava a estrutura social

JOSEF BARAT

e a péssima distribuição de renda.

A crise do comércio exterior dos anos 30 inviabilizou esse modelo, e a alternativa encontrada foi a de aprofundar um processo de industrialização incipiente desde o início do século. Criou-se uma forte tensão entre "industrialistas" e "ruralistas", com significativas conseqüências políticas e sociais. Mas, como muitos dos industriais eram proprietários rurais, as tensões acabaram por resolver-se, em grande parte, "em família". Ou seja, o Estado foi reestruturado para atender aos objetivos da industrialização, a economia fechou-se, criaram-se reservas de mercado e os bens manufaturados produzidos no País passaram a substituir os importados. Esse foi o ciclo do modelo de "substituição de importações", que vigorou até o início dos anos 80 e foi marcado pela presença crescente do Estado desenvolvimentista e industrial, que investiu pesadamente nas infra-estruturas de telecomunicações, transportes e energia e nos setores de petróleo, mineração e siderurgia. Para isso, contou com a tributação e a inflação, como meios de financiamento.

A industrialização não alterou o perfil da distribuição de renda e consolidou um mercado de massa relativamente restrito. Ao contrário do que ocorreu nos Estados Unidos, a indústria brasileira sempre preferiu produzir em pequena escala. Assim, a transição do modelo primário exportador para o de substituição de importações não implicou mudanças sociais profundas. Ou seja, o Brasil industrializou-se sem alterar a estrutura agrária e sem trazer o grosso da população para níveis condignos de consumo e cidadania. Claro que a transformação do Estado tornou-o mais funcional e trouxe também benefícios para os pobres, mas a concepção predominante sempre foi patrimonialista e paternalista.

A estagnação dos últimos 15 anos revela uma economia que passou a crescer à taxa média anual de apenas 2% (0,1% para a renda per capita), com todas as conseqüências sociais provocadas pela estagnação e o desemprego. Contraste chocante com o crescimento médio de 7% entre 1947 e 1980. A dificuldade que temos de transitar para um novo ciclo de desenvolvimento sustentado é a de que, agora, a economia não se dinamiza com a renda mal distribuída e o mercado interno restrito. Por mais que o Brasil exporte – e esse esforço é necessário para equilibrar as contas externas –, seremos fundamentalmente dependentes do mercado interno, pelo nosso tamanho e potencialidades. Não seremos embalados por uma globalização que perpetua os desequilíbrios sociais, a não ser que abdiquemos totalmente da capacidade de conduzir nosso destino.

No entanto, a situação atual nos coloca diante de opções complexas. Com uma relação investimentos/PIB de menos de 17% (já chegamos a cerca de 25% nos anos 70), a poupança privada em queda e a poupança pública negativa, ficamos dependentes da poupança externa para o esforço de desenvolvimento. Não há dúvida de que os recursos externos não especulativos buscam estabilidade, mas buscam, também, as perspectivas de longo prazo quanto ao mercado interno, que uma "baleia" pode oferecer. Mas não são os investidores externos que vão delinear a estratégia de desenvolvimento do País. Enquanto o Executivo estiver oferecendo à sociedade apenas a estabilidade monetária, sem esperanças quanto ao futuro, e o Legislativo não lançar as bases de um pacto político que permita mudanças profundas na estrutura social e no aparelho de Estado, seremos reféns de políticas e visões de curto prazo. Estas procurarão sempre conter o crescimento. Convenhamos que, para um país com a nossa população e a idade média de 23 anos, a receita é explosiva.

(O Estado de S. Paulo, 8 de setembro de 1997)

Tigres, baleias e antas

A declaração do presidente FHC a propósito da crise financeira no Sudeste Asiático, descrevendo o Brasil como uma "baleia" que se movimenta lentamente, mas com segurança, foi entendida por uma ínfima minoria de iniciados no jargão da "globalização". Se a denominação de "tigre" tornou-se mais difundida, o cetáceo do presidente ainda é pouco conhecido em termos de imagem econômica. Vale, portanto, uma explicação resumida. Os conglomerados transnacionais, em suas opções de investimento nas chamadas economias emergentes, consideram basicamente dois tipos de países: os tigres e as baleias.

Os primeiros, via de regra, possuem: i) pequena extensão territorial; ii) modesta dotação de recursos naturais; iii) população relativamente reduzida; iv) mão-de-obra homogênea do ponto de vista da qualificação; v) capacidade de rápida absorção dos avanços tecnológicos, apesar de culturas tradicionalistas; e vi) mercado interno de pequena dimensão. São vistos pelos investidores como eficientes plataformas de exportação e, mesmo, de pesquisa e desenvolvimento de novas tecnologias. Os tigres asiáticos adultos e jovens são mais conhecidos, como Coréia do Sul, Taiwan (Formosa), Hong Kong, Cingapura, Malásia e Tailândia, embora se possa considerar igualmente nessa categoria Israel e, talvez, o Chile.

Já as baleias possuem vantagens comparativas em termos de extensão territorial, recursos naturais, tamanho da população e mercado interno. Apresentam, todavia, marcantes desequilíbrios regionais, renda mal distribuída e mão-de-obra muito heterogênea em termos de qualificação. São países capazes de absorver rapidamente tecnologias de produção, mas são lerdos na geração de inovações e patentes. Para as transnacionais interessadas no potencial de grandes mercados, os países atraentes para investimentos produtivos são China, Rússia, Índia e Brasil. São economias mais voltadas para dentro, muito embora possam funcionar também como plataformas de exportação no âmbito das novas logísticas decorrentes da globalização.

As baleias, portanto, podem adquirir características de tigres, enquanto estes estão restritos à condição felina, a não ser que se associem em mercados comuns. Movimentar-se lentamente é próprio de animais muito pesados, mesmo para os que deslocam seu peso bruto na água. Mas nada impede que se possam introduzir fatores de maior rapidez nos movimentos da baleia brasileira. Afinal, o mundo do século XXI será o dos países mais ágeis, como decorrência da aceleração do conhecimento científico e tecnológico. A longo prazo, não seremos atraentes apenas pelo tamanho da população. Teremos que ter a renda mais bem distribuída e um povo mais qualificado, com mais saúde e educação básica, para que o mercado consumidor garanta um processo contínuo e sustentado de desenvolvimento. Teremos que transitar das vantagens *comparativas* de recursos naturais e grande população – que terão papel menos decisivo que no passado – para as vantagens *competitivas* e, para isso, o diferencial de conhecimento e qualificação humana é decisivo.

Portanto, para agilizar os movimentos da nossa baleia, a agenda para mudanças neste final de século deverá forçosamente abranger uma reestruturação em profundidade:
- do Estado nos seus três níveis, o que significa a revisão corajosa do pacto federativo em termos de verdadeiras reformas nos campos político, institucional, tributário, administrativo e previdenciário;
- dos sistemas educacional básico, universitário e de saúde pública;
- da capacitação tecnológica e do potencial de geração de inovações;
- da pauta de exportações, dando maior peso aos bens e serviços com elevado conteúdo tecnológico;
- da qualidade e abrangência das infra-estruturas de telecomunicações, energia, transportes e saneamento.

Sem essas mudanças e reformas, estaremos condenados a permanecer à margem das correntes mundiais do comércio e do desenvolvimento tecnológico. Não teremos a agilidade felina dos tigres e nossa baleia se movimentará lentamente, sem segurança e à deriva, penalizando a sociedade com a estagnação e o acirramento dos conflitos redistributivos. A mostra inicial já foi dada pelas manifestações violentas dos sem-terra e das polícias militares, além da crescente violência urbana. Por mais que haja manipulação nessas ocorrências, elas não deixam de refletir um quadro preocupante de crise social.

A modernização do País não pode, assim, restringir-se ao discurso monocórdio da estabilidade monetária e à falta de compromisso com reformas consistentes no longo prazo. Esperemos que daqui a alguns anos a tipologia de animais que simbolizam as economias emergentes não seja acrescida de um conhecido animal de grande porte, que é solitário, lerdo, enxerga mal ao longe, gosta de chafurdar em terrenos pantanosos e na nossa linguagem quotidiana simboliza a falta de inteligência. Que não sejamos classificados futuramente no jargão internacional como antas.

(O Estado de S. Paulo, 11 de agosto de 1997)

Parte 2

Estado, Mercado e Sociedade

Agências reguladoras: avanços e recuos

As chamadas agências reguladoras, ainda muito recentes no Brasil, já representam uma experiência fértil. O governo federal optou por criar agências setoriais específicas (telecomunicações, energia elétrica, petróleo, entre outras), enquanto muitos Estados optaram por agências abrangendo dois ou mais setores, racionalizando recursos humanos e materiais. Uma agência reguladora controla, fiscaliza e monitora todos os aspectos da prestação de um serviço público, objeto de concessão a um empreendedor privado. Cabe a ela monitorar como o serviço é prestado aos usuários em termos de qualidade, modicidade da tarifa, universalização do atendimento, atualização tecnológica e relacionamento com o consumidor. Para exercer as atividades de regulação – ou seja, sujeitar a prestação do serviço concedido a normas, regras e procedimentos – a agência deve ser entendida como um instrumento de Estado e não de governo. Ou seja, deve ser instituída como uma organização pública independente e atuar com isenção ao gerir contratos que transcendem períodos de governo. Cabe a ela, também, arbitrar conflitos de interesse entre o poder concedente, as concessionárias e os usuários dos serviços.

As agências reguladoras só garantem equilíbrio e estabilidade no relacionamento entre as partes envolvidas à medida que tenham credibilidade e imagem pública de isenção. Tanto a subordinação da ação reguladora da agência ao controle de um governo como a sua captura por interesses privados afetam o trinômio que sintetiza o seu patrimônio perante a sociedade: independência, credibilidade e capacitação técnica. É importante ressaltar que, no momento em que se procura ampliar a participação privada nos investimentos em infra-estruturas, as agências terão papel importante na regulação das chamadas Parcerias Público-Privadas (PPPs). Em cada caso, essa forma de suplementação de recursos públicos se traduzirá em contratos e seu cumprimento será objeto de fiscalização e monitoração. Neste momento, portanto, a consolidação de uma legislação adequada ao funcionamento das agências adquire relevância especial. Principalmente, considerando-se a importância das agências em, de um lado, gerar um ambiente atrativo e estável para os investidores privados no longo prazo e, de outro, garantir o suprimento dos serviços aos usuários em condições de competição, levando em conta seus níveis de renda e exigências de qualidade.

Neste sentido, o projeto de lei nº 3.337/04 encaminhado pelo Executivo ao Congresso Nacional, na sua prolixidade, apresenta alguns avanços, mas, infelizmente, ameaça o ambiente da regulação com retrocessos. Entre os avanços pode-se mencionar o esforço em separar e melhor definir os papéis do poder concedente (administração direta) e do ente regulador, cabendo ao primeiro o planejamento, a formulação de políticas públicas, a definição de prioridades e as outorgas. Mas os retrocessos são muitos. A idéia de controle do Executivo, pelos seus ministérios, priva as agências da necessária condição de independência e credibilidade e as ameaça de erosão da sua capacitação técnica, na medida em que passam a ser parte das barganhas políticas. Com isso, surge o risco concreto de o Estado patrimonialista e arcaico se impor às ilhas de excelência de um Estado moderno e funcional, diante das carências da sociedade. Por outro lado, a criação de uma ouvidoria para controle das agências pode se converter em intervenção abusiva na sua gestão. Na prática, trata-se de uma instância que usurpa muitas das funções das próprias agências, criando duplicidade de atuação.

Da mesma forma, os contratos de gestão e desempenho a serem firmados entre agências e Executivo, e sujeitos à aprovação dos conselhos setoriais, constituem uma intervenção descabida. Isto porque tais contratos, comuns nas administrações públicas européias, são um instrumento de flexibilização da gestão de empresas públicas. Dizem mais respeito ao estabelecimento de compromissos contratuais de metas de produção e custos entre empresas públicas – executoras de programas governamentais – e o Executivo, com vistas a controles de desempenho e custos, aclarando as contas públicas. No projeto de lei, ao contrário, tais contratos tiram a agilidade e autonomia das agências, submetendo-as a um emaranhado de instâncias decisórias. Cabe acrescentar que, mesmo com a melhor lei, o contingenciamento de recursos destinados ao exercício das funções das agências pode enfraquecê-las a ponto de torná-las vulneráveis à captura por interesses privados. Neste caso, fica-se diante da situação em que o cachorro morde o próprio rabo.

Estamos vivendo um momento difícil: a) as regras gerais das concessões vêm sendo abaladas por sobressaltos e mudanças, como no caso do setor elétrico; b) a autoridade do ente regulador é questionada, como nas telecomunicações; c) o ente regulador não disse a que veio, como nos transportes; e d) um governo estadual ameaça unilateralmente romper contratos, como no caso do Paraná. Assim, o encaminhamento do projeto de lei nº 3.337/04 pode gerar mais instabilidade e frustração. O importante é revisar o escopo das concessões e parcerias numa perspectiva mais abrangente e inovadora, no sentido de criar um ambiente de maior confiança. Por que não tornar as leis de concessões e licitações mais compatíveis entre si, permitindo que os processos licitatórios sejam mais condizentes com os instrumentos das concessões e das PPPs? Por que não consolidar a experiência brasileira (da União e Estados) em um arcabouço jurídico unificado em termos de concessões, parcerias e licitações? Afinal, já se tem uma razoável experiência com as concessões e as PPPs não são uma novidade em termos de investimentos feitos em cooperação entre governo e iniciativa privada. Mas, do jeito que as coisas caminham, são grandes os perigos de retrocesso.

(O Estado de S. Paulo, 5 de maio de 2004)

Responsabilidade social: 'allegro... ma non troppo'

A ascensão do PT ao poder criou grande expectativa quanto às tendências da chamada responsabilidade social. Expectativa que se estendeu aos projetos e ações sociais de empresas e da sociedade. O lançamento do programa Fome Zero, com toda a sua carga emocional e simbólica, teve, sem dúvida, considerável impacto na consciência social, levando organizações não-governamentais e empresas a buscar nichos de participação nessa mobilização. Vimo-nos envolvidos, assim, pela profusão e entrelaçamento de palavras e expressões – como voluntariado, cidadania, ações sociais e responsabilidade social – que, ao mesmo tempo em que confortam culpas e a *mauvaise conscience* de uma sociedade teimosamente injusta, acabam por criar maior expectativa quanto à solução de nossos problemas sociais. Mas é importante que essas palavras transcendam seu significado convencional e se busque novo sentido para projetos e ações de cunho social. De um lado, voluntário é quem se oferece e se dispõe a prestar um serviço por vontade própria. De outro, cidadania é o acesso à plenitude, tanto dos direitos civis – ou seja, as liberdades e direitos fundamentais – quanto dos direitos políticos expressos pelos atos de votar e ser votado.

Acontece que vivemos num país que, embora democrático e subordinado ao Estado de Direito, é marcado por profundos desequilíbrios sociais. Desta forma, o conceito de cidadania tem de ser ampliado para incorporar aspirações que resultam da luta crescente pela igualdade de participação e representação, bem como pela ampliação dos direitos civis. Ou seja, a participação mais efetiva nas regras, benefícios e prioridades dos processos de decisão. Neste sentido, o trabalho voluntário deve ultrapassar limites convencionais da ajuda, caridade e beneficência, visando o objetivo maior de prover a cidadania para os que carecem dos direitos básicos ao trabalho, moradia, saúde e educação. E, sobretudo, lidar com as carências, propiciando os meios que permitam, aos que foram postos à margem da sociedade, superá-las com dignidade. Constata-se, atualmente, que novos atores e direitos, bem como novas mediações e instituições, redefinem o espaço das práticas da cidadania. A novidade é o desafio de superar as marcantes desigualdades, sociais e econômicas, da sociedade brasileira. Mas como integrar aqueles que se sentem compelidos apenas por própria vontade a engajarem-se de alguma forma em projetos sociais sérios e ações mais amplas de cidadania?

Em parte, a resposta tem vindo de empresas e organizações não-governamentais que procuram transcender a prática de atos filantrópicos e altruístas pontuais, pela constatação de que se faz necessário algo mais: uma consciência social que implique compromisso e responsabilidade com a sociedade que as cerca. A solidariedade é muito importante, porém não suficiente. É primordial partir para ações e práticas efetivas que se estendam para nossos semelhantes de forma duradoura. Hoje, o engajamento deve se fazer pela contribuição ao resgate da dignidade dos excluídos e da igualdade de direitos, num processo de participação e co-responsabilidade pela vida social. Projetos e ações envolvendo a chamada responsabilidade social podem ser, portanto, instrumentos de promoção da cidadania.

Mas... há sempre um "mas" para atrapalhar as boas intenções que nos dão a sensação de que podemos superar a desigualdade por meio da mobilização pela boa vontade. Eis que o Grilo Falante diz que a desigualdade e a pobreza só poderão ser superadas por meio de crescimento sustentado no longo prazo. E as bases estruturais do crescimento nos remetem a conceitos toldados pela bruma das exigências imediatistas do "mercado". O Grilo está falando de uma base sólida de inovações tecnológicas (Schumpeter), investimentos compensatórios para geração de emprego e renda (Keynes), ampliação do mercado interno (Furtado). Ou seja, que as empresas – sem abdicar da responsabilidade social – possam exercer a responsabilidade produtiva, que é o que delas se espera. Empresas existem para produzir, gerar empregos e renda, aumentar a produtividade e ampliar a base de consumidores. Assim, por provocação do Grilo Falante, estamos saindo da visão do altruísmo e da solidariedade para algo mais abrangente e profundo: reverter a longa estagnação do processo de produção e consumo.

Aversão de economista à distribuição de cestas básicas e cartões de benefícios? Não... apenas a constatação de que, após duas décadas de estagnação, é desejável que se mude o foco das prioridades de governo. Que se caminhe para uma agenda consistente, oferecendo condições objetivas para que empresas cumpram seu papel de produzir e que assumam a responsabilidade produtiva. Mas, adverte novamente o Grilo, essa agenda exige trabalhos que – com todo o respeito – estão mais para Hércules do que para São Francisco de Assis. É preciso enfrentar, sem subterfúgios, 12 árduos trabalhos: 1) estancar a transferência de renda do setor produtivo para o financeiro; 2) reduzir a carga tributária; 3) reduzir, de fato, a taxa de juros para a produção; 4) reformar o Estado, adaptando-o às exigências do crescimento; 5) recuperar a capacidade de investimento do governo; 6) agregar valor às exportações; 7) capacitar nossos recursos humanos para o século 21; 8) dar sustentação à pesquisa e ao desenvolvimento tecnológico; 9) não ter mais a estagnação como objetivo, de modo a conter a inflação; 10) reduzir a corrupção, que acua quem produz; 11) simplificar os procedimentos burocráticos; e 12) gerar empregos! E lembrar o que disse a velhinha entrevistada em Guaribas, no lançamento do Fome Zero: "*Dotô, nóis aqui não tem fome. Nóis precisa de água. Com água nóis pranta.*" O Grilo concordaria e, por fim, acrescentaria: não vamos exigir que o Zeca Pagodinho assuma a responsabilidade social de compor uma sinfonia.

(O Estado de S. Paulo, 10 de março de 2004)

Responsabilidade social: para onde vamos?

Para melhor compreender a evolução da chamada responsabilidade social das empresas e seu envolvimento com projetos sociais, é importante uma visão histórica. No final dos anos 70, com o arrefecimento do longo ciclo de crescimento do pós-guerra, intensificaram-se as reações contra o intervencionismo estatal presente desde os anos 30. Começaram a perder força as políticas de cunho *keynesiano* e redistributivo originadas tanto no *New Deal* norte-americano quanto na social-democracia européia. Ganhou força um ideário que apontava a intervenção estatal e a regulação de mercados como ameaças à concorrência e ao crescimento. Com a crise do modelo econômico – associada a choques de preços do petróleo – houve redução de taxas de crescimento e aumento da inflação. Nesse contexto, o intervencionismo estatal e o poder sindical acabaram por gerar incompatibilidade entre a crise fiscal e o peso dos gastos sociais dos governos.

Nos anos 80, a receita para a crise veio da Inglaterra e EUA, seguida em linhas gerais pelos demais países desenvolvidos: um Estado forte para o controle de gastos e rompimento do poder dos sindicatos, mas desonerando empresas e indivíduos. Reduziram-se o intervencionismo, a atuação direta do Estado na produção e o redistributivismo do *welfare state*. Assim, firmaram-se objetivos de novas políticas econômicas: a) estabilidade monetária; b) rigorosa disciplina orçamentária com controles sobre gastos sociais; c) reforma fiscal; d) implementação de amplos programas de privatizações, em especial nos setores de insumos básicos e serviços públicos; e) restauração de taxa "natural" de desemprego; e f) a geração de certo grau de desigualdade, que se acreditou necessário para estimular a economia. Mas tudo isso ainda coexistindo com remanescentes de políticas públicas compensatórias para debelar a crise, por meio de protecionismo, estímulo à demanda e continuidade do Estado do Bem-Estar.

O modelo de financiamento com recursos públicos e empréstimos garantidos pelos governos para investir em infra-estruturas e serviços públicos começou a dar sinais de esgotamento. Abriu-se caminho, assim, para a desestatização de atividades e serviços, com financiamento privado, à medida que as empresas – após período de queda das taxas de lucro e redução de investimentos – capitalizaram-se pelos estímulos de novas políticas. Em resumo, houve a redução de recursos públicos para ações e projetos sociais e maior disponibilidade de recursos privados, potencialmente aplicáveis em gastos antes de competência exclusiva dos governos. Coincidentemente, tanto as revisões nas concepções social-democratas quanto as formulações do ideário antiestado passaram a apontar o caminho das iniciativas empresariais no campo social como forma quer de estabelecer parcerias para o *welfare*, quer de mostrar a força do setor privado.

Foi nesse contexto de mudanças que se consolidou a idéia de responsabilidade social nos anos 70, ainda sob a égide do Estado do Bem-Estar. Na França, várias experiências conduziram a avaliações mais sistemáticas do ambiente social por parte das empresas, inclusive com legislação que tornou obrigatórios os balanços sociais. Na UE a preocupação empresarial com a questão social expandiu-se, como fruto da maior conscientização com desequilíbrios sociais e direitos do consumidor e em decorrência do recuo das ações governamentais. Na Inglaterra e nos EUA, a forte tradição de ações comunitárias envolveu muitas empresas em ações e projetos de interesse comum. No Brasil, foi nos anos 90 que algumas empresas passaram a levar a sério a questão social e elaborar balanços sociais, passando a divulgar suas ações nas relações com comunidade, meio ambiente e seu corpo de funcionários. Essas relações tornaram-se, por vezes, uma questão crucial nas estratégias de sobrevivência empresarial. Hoje, nos cenários que compõem o planejamento estratégico e visões de longo prazo, as relações que moldam a responsabilidade social representam fator importante de desenvolvimento e imagem. Trata-se de investir no bem-estar dos funcionários e na sociedade, atraindo consumidores pela repercussão de suas ações.

Há, por outro lado, aspectos éticos e humanos envolvidos na questão da responsabilidade social. Embora a maioria das empresas se proclame ética e socialmente responsável, na verdade poucas têm um comportamento que o justifique. Muitas fazem de seus projetos meras "vitrines" promocionais, sem lhes dar consistência e conteúdo. Num amplo conceito de ética nos negócios, a parceria entre empresas, governo e sociedade é fundamental para reduzir a pobreza e a injustiça social, promovendo um maior desenvolvimento social e humano. Sabemos que nosso país é marcado por relações sociais hierarquizadas e privilégios sedimentados ao longo de séculos. Perpetuam-se desequilíbrios extremos entre opulência e pobreza, desigualdades crescentes, injustiça e exclusão social. Boa parte da população não tem acesso às mínimas condições de vida e encontra-se totalmente excluída da plena participação nas decisões que determinam os rumos de sua vida e da dinâmica social.

Estamos seguindo, de certa forma, a tendência mundial de maior responsabilidade social das empresas, mas nos deparamos com realidade social muito mais complexa que a dos países desenvolvidos. Nesse ambiente, um projeto social não pode configurar-se como "*oba oba*" promocional ou garantir a acolhida no paraíso de executivos pós-modernos que conciliam lucros elevados com filantropia. Deve, sim, contribuir para que o conceito de cidadania seja ampliado, incorporando aspirações que resultam da luta crescente pela igualdade, participação e representação. Ou seja, pela ampliação dos direitos civis, políticos, sociais, econômicos e humanos. Ações de empresas não substituem a presença do Estado. Se os projetos sociais das empresas não se articulam consistentemente com políticas públicas, não se chega a lugar nenhum. Precisamos superar a idéia de a participação responsável consistir na prática de atos filantrópicos e altruístas pontuais. E isto vale tanto para as empresas quanto para o próprio governo. Hoje se faz necessário algo mais: ações público-privadas coordenadas, bem como a ampla consciência social, envolvendo compromissos duradouros.

(O Estado de S. Paulo, 31 de dezembro de 2003)

Agências reguladoras: sinfonia inacabada?

Vem sendo dado destaque à crise relacionada com a atuação das agências reguladoras e a funcionalidade do mecanismo de concessões de serviços públicos. Essa crise desdobra-se nos seguintes aspectos: 1) choque aberto entre interesses políticos e a necessidade de atuação independente das agências; 2) dificuldade da regulação em garantir o cumprimento de metas contratuais ou mesmo o equilíbrio econômico-financeiro dos contratos; e 3) dificuldade em se manter a modicidade das tarifas, por estas se constituírem na única base de sustentação dos negócios de concessão. Ao fim e ao cabo, os usuários estão no pior dos mundos: pagando tarifas muito caras e tendo serviços de má qualidade. Mas, para melhor se compreender a origem e natureza dessa crise, vale a pena uma visão mais abrangente.

Olhando para o que ocorreu no mundo nas duas últimas décadas, constata-se que o ímpeto das concessões decorreu da conjugação de dois fatores: crise generalizada dos Estados – por excesso de encargos fiscais e limites da arrecadação –, reduzindo o potencial de investimento público; e mundialização dos fluxos de capital e avanços tecnológicos, gerando excedentes para o setor privado e ampliando seu potencial de investimentos.

Nos países desenvolvidos, as dificuldades de financiamento público não impediram avanços consideráveis nos planejamentos estratégicos e gerenciais dos serviços públicos. Houve a redefinição do papel do Estado no provimento das infra-estruturas e das operações, assim como novas formas de financiamento e parcerias entre os setores público e privado.

A criação de instrumentos e instâncias decisórias foi importante para disciplinar a crescente participação privada e regular os contratos de longo prazo. As experiências inglesa, americana e européia mostraram que se fazia necessária a existência de agências reguladoras independentes para arbitrar conflitos de interesses e estabelecer as bases da viabilidade econômica e financeira das concessões. Isto em razão do surgimento de desavenças e circunstâncias imprevistas nos longos períodos contratuais. Na maioria dos serviços públicos há imperfeições nos mercados e mesmo condições de monopólio natural, que obrigam a permanente supervisão em favor do interesse dos usuários. A função das agências foi a de assegurar a provisão eficiente dos serviços concedidos por meio de: 1) tarifas compatíveis com os níveis de renda dos usuários; 2) garantia de qualidade e diversidade dos serviços; 3) alcance das metas de universalização; 4) melhoria e expansão das infra-estruturas; 5) aumentos de produtividade e incorporação de novas tecnologias; e 6) impedimento da concorrência predatória.

No Brasil, uma longa sucessão de crises fiscais, com recursos orçamentários contingenciados para o pagamento ou rolagem da dívida, reduziu a capacidade de investimento do Estado. Situação agravada pela inflação descontrolada – que dificultou conhecer custos e reajustar tarifas –, bem como pela extinção dos fundos vinculados e redução dos empréstimos das instituições de fomento.

Não houve uma ampla reforma do Estado, que tornasse suas estruturas adequadas à nova realidade. A degradação dos núcleos de excelência levou ao desconhecimento das carências e necessidades de investimento. Por último, e não menos importante, a ênfase dada às políticas de curto prazo (estabilização) inibiu o planejamento e as estratégias de longo prazo e gerou incertezas para formular políticas consistentes de desenvolvimento. Escolhido o caminho das concessões, a criação das agências resumiu o que se pôde reformar no Estado. Dado o grau de ineficiência atingido por muitas operadoras estatais, as concessões permitiram maior eficiência na destinação de recursos, por utilizar mais racionalmente os ativos e a mão-de-obra, reduzir custos no curto prazo, ajustar a capacidade instalada e introduzir novas tecnologias.

Nos leilões, a lógica do pagamento de ágios pautou-se pelo potencial de ganhos com a maior eficiência no curto prazo. Mas ágios exagerados e erros nas previsões do mercado impediram a repartição dos ganhos e reduções de custos com os usuários. Muito pelo contrário: eles foram chamados a pagar a conta da imprevidência e do mau planejamento. Seja por aumentos exorbitantes nas tarifas – sem a contrapartida em melhores serviços –, seja por operações de socorro com recursos do contribuinte e concebidas em paralelo à competência das agências reguladoras. Estas foram, assim, esvaziadas em sua independência e funções. A solução da crise passa pela compreensão dos papéis e relações em jogo.

Necessidades da sociedade determinam escalas de atendimento, diversificações de produtos, níveis de qualidade e universalização. O Executivo, ao diagnosticar necessidades, formula estratégias de desenvolvimento, políticas públicas, diretrizes de ação e prioridades. Os serviços que podem ser delegados à exploração privada devem atender à sociedade e às políticas governamentais. Mas as agências reguladoras estão no centro de gravidade dessas forças e devem se manter independentes para melhor arbitrar os conflitos. Elas são organizações públicas, mas não órgãos de governo. Não podem ser reféns do Executivo, nem capturadas pelas concessionárias.

Portanto, independência e capacidade arbitral das agências reguladoras são essenciais ao controle e fiscalização dos contratos de concessão. Planejamento, formulação de políticas e definição de prioridades são funções da administração direta. Ou seja, é preciso ter presente que cada macaco deve permanecer rigorosamente em seu galho. Hoje, aprofundar a crise nas agências nos levará ao pior dos mundos: escassez de recursos públicos e desinteresse do setor privado.

(O Estado de S. Paulo, 13 de outubro de 2003)

Concessões e regulação: maus presságios?

Existe uma preocupação muito justificada com os desdobramentos dos processos de privatização de atividades econômicas e concessões de serviços públicos. Atendo-me à questão das concessões, cabe reforçar a atenção para o risco de desmoralização das concessões pela criação de desvios e canais paralelos de pressão. Isto, em detrimento do quadro institucional que se vem formando a partir da criação das agências reguladoras. Alguns exemplos podem ser dados: 1) o chamado "Ministério do Apagão", que chamou a si o gerenciamento da crise energética e reduziu o papel da Aneel; 2) a postergação no cumprimento das metas contratuais nas ferrovias por falta de regulação; e 3) as negociações de concessionárias de serviços de telecomunicações com o Banco Central, desviando-se do caminho natural da Anatel, como reguladora. No primeiro caso, é claro que estava envolvida uma questão de política pública e definição de uma estratégia do Executivo frente à crise. Mas não se poderia ignorar o papel da regulação e intervenção nos contratos de concessão das distribuidoras de energia elétrica, de competência de uma organização pública supostamente independente como a Aneel. Principalmente quando se tratava de questões relacionadas com o equilíbrio econômico-financeiro dos contratos.

No caso das telecomunicações, problemas relacionados com as metas de universalização dos serviços também exigiam a avaliação e intervenção da agência reguladora, no caso a Anatel, que talvez seja, de todas, a mais bem preparada para desempenhar esse papel. Na verdade, veio à tona, com mais clareza, que as concessões de serviços públicos existem para corrigir imperfeições do mercado, mas não devem ter como objetivo a eliminação dos riscos inerentes à gestão do concessionário. Previsões inadequadas, estratégias equivocadas de vendas e estimativas errôneas do poder de compra dos usuários causam problemas, mas não aqueles previstos contratualmente como passíveis de garantia do equilíbrio econômico-financeiro da concessão. O que está em jogo, portanto, é a preservação dos mecanismos institucionais que, na falta de uma ampla reforma do Estado brasileiro, estão reestruturando, de fato, segmentos em que a regulação das concessões tem um papel central e modernizador.

Essa preocupação nos remete à velha anedota dos dois "coronéis" mineiros que se encontram para um café, nos idos dos anos 60, auge da Guerra Fria e do temor pelo comunismo. Um deles pergunta: "Compadre, vosmecê não tem medo que o tal do comunismo chegue ao Brasil?" O outro responde: "Tenho não, compadre, deixa ele vir que nós esculhambamos com ele..." Será que é isso que estamos fazendo com as privatizações e concessões? Deixamos vir e agora estamos esculhambando os mecanismos institucionais e formas de utilização mais racional dos fatores de produção escassos na sociedade?

Mas por que é necessária a regulação? Não são suficientes as leis vigentes e os contratos para regular? Em qualquer tipo de concessão surgem circunstâncias não previstas, que fazem necessária a existência de um ente regulador para tomar decisões gerais ou específicas. Para bens e serviços que podem ser produzidos e vendidos em um mercado competitivo, a privatização e a liberalização dos mercados são suficientes. Mas, para a maioria dos serviços públicos, há imperfeições nos mercados e condições de monopólio natural, entre outros fatores, que obrigam a manter uma supervisão dos serviços concedidos. Portanto, o papel de agências como Aneel e Anatel é preservar, em benefício do interesse dos usuários, os objetivos da regulação. Ou seja: promover o funcionamento eficiente dos serviços com tarifas e qualidade adequadas e o alcance das metas estipuladas em contrato quanto à chamada universalização dos serviços, a melhoria e expansão das infra-estruturas e a incorporação de novas tecnologias. Além disso, cabe ao regulador estabelecer as bases da viabilidade econômica e financeira da concessão.

É claro que, frente ao grau de ineficiência atingido por muitas operadoras estatais, num primeiro momento, a concessão permite maior eficiência na destinação de recursos, utilização mais racional dos ativos, ajuste do número de trabalhadores, redução de custos no curto prazo, ajuste da capacidade instalada e introdução de novas tecnologias. Nos leilões, a lógica dos ágios que foram pagos tinha em vista justamente as possibilidades de ganhos pela maior eficiência no curto prazo. Mas ágios exagerados e erros nas previsões do comportamento do mercado não permitiram a repartição dos ganhos e reduções de custos entre concessionários e usuários.

Note-se que, em princípio, o ente regulador atuaria com o obstáculo da informação assimétrica. As empresas reguladas deveriam conhecer melhor seus custos, tecnologia e demanda futura esperada. Nessas condições, regular supõe estabelecer um equilíbrio econômico e político entre os objetivos e interesses envolvidos. Mas quando os concessionários conhecem menos as sutilezas do mercado que o regulador, quando o Executivo faz corpo mole para implantar uma regulação efetiva (caso das ferrovias), não planejou adequadamente a evolução da oferta (caso da energia elétrica) e usurpa funções do regulador (caso das telecomunicações) e, por fim, quando o usuário é chamado a pagar a conta, estamos diante de um sério risco de desmoralização do instituto da concessão de longo prazo. A instabilidade da ação reguladora, as mudanças freqüentes das regras do jogo e as influências políticas nas agências, tolhendo sua independência, são ingredientes certos para o fracasso. E esperemos, como diria Millôr Fernandes, que o fracasso não suba à cabeça dos nossos dirigentes.

(O Globo, 3 de junho de 2002)

O Brasil ilegal vencerá?

A greve de motoristas e cobradores que imobilizou a cidade de São Paulo, somada às manifestações de violência dos perueiros, nas quais dezenas de ônibus vêm sendo depredados e incendiados, e à violência praticada contra motoristas e cobradores, deve levar-nos a uma reflexão mais ampla e profunda. Por analogia aos campeonatos de futebol, coloca-se, de início, uma pergunta: devemos preparar nossas emoções para uma grande decisão entre as seleções do Brasil legal – que paga uma carga absurda de tributos e atua sob a égide da lei – e a do Brasil ilegal, que, na clandestinidade e ao abrigo da complacência do poder público, desafia permanentemente a lei?

De início, sabe-se que, com a estagnação e o desemprego, decorrentes da persistência por duas décadas de políticas de estabilização que gerenciam apenas o curto prazo, a seleção do Brasil ilegal está cada vez mais forte. Ela atrai para suas hostes um número crescente de atividades e de pessoas. A economia da ilegalidade floresce e se espalha, abrangendo desde camelôs, perueiros, loteadores e invasores de terrenos públicos e privados até emissoras piratas de rádio, fabricantes de CDs e laboratórios clandestinos. Sob o eufemismo de atividades "informais" ou "alternativas", o Brasil ilegal acoberta, freqüentemente, a violência e o crime organizado. E o Brasil legal assiste a esse crescimento numa posição esquizofrênica – entre a revolta e o desalento conformista –, esperando providências de um Estado que já está corroído pela presença do *alien* ilegal nas suas entranhas.

Quando, em raros rasgos de coragem, o poder público resolve atuar e estabelecer limites, a reação é violenta: camelôs depredam lojas e equipamentos públicos, loteadores clandestinos jogam marginais contra a polícia, perueiros queimam ônibus e agridem os motoristas e os cobradores. Assim, a seleção de comerciários, motoristas e policiais fica em desvantagem – não são lembrados nem como trabalhadores nem como vítimas. Batem em retirada desonrosa, pois não têm o charme dos fora-da-lei. Se as rádios piratas colocam em sério risco a segurança de vôo, trata-se de um problema menor diante da atração que exercem sobre as tribos urbanas. Já os medicamentos clandestinos levam para um campo mais sofisticado e sombrio da delinqüência.

Caminhamos, desse modo, para um confronto final que se torna extremamente perigoso, tendo em conta a fragilidade das nossas instituições e a incipiente prática da democracia. A violência associada às atividades ilegais ameaça, sem dúvida, a estabilidade democrática do Brasil. O perigo é o de fazer ressurgir velhos fantasmas do passado, diante de um eventual surto de desespero do Brasil legal em busca da lei e da ordem. Nesse sentido, as manifestações violentas, que ferem as regras mais elementares de convivência social, não podem ser tratadas de forma leniente, como se fossem próprias da democracia.

Para ter uma idéia mais clara do problema, tome-se o caso emblemático das manifestações dos perueiros na Grande São Paulo. Um problema da maior gravidade é tratado pela ótica do Brasil ilegal, em detrimento das suas causas mais profundas. O sistema de transporte coletivo por ônibus sofre, há uma década, de uma profunda crise estrutural, que não será solucionada com medidas paliativas. Alguns dados referentes à cidade de São Paulo dão suporte a essa afirmação. Entre 1990 e 2000, a demanda pelos serviços de ônibus teve uma redução de 6,7 milhões para 3,4 milhões de passageiros por dia; a velocidade média caiu de 19 km/hora para 12 km/hora e a produtividade, de 857 para 366 passageiros por veículo por dia. Condições precárias de operação – congestionamentos e degradação do pavimento, entre outras – e aumentos abusivos do combustível elevaram demasiadamente os custos. Portanto, um quadro de redução de receita e aumento dos custos operacionais, funesto em qualquer atividade econômica. Mas, tratando-se de um serviço público, é do governo a responsabilidade pela preservação da qualidade e do equilíbrio econômico e financeiro das empresas contratadas, desde que, obviamente, estas cumpram as exigências do poder concedente.

É claro que as duas últimas administrações municipais, que privilegiaram investimentos na circulação de automóveis e fecharam os olhos para a proliferação descontrolada de veículos clandestinos, contribuíram, de forma decisiva, para o agravamento desse quadro. Por outro lado, pode-se até argumentar que a existência de peruas supre uma necessidade de um mercado urbano que se diversifica. Mas não se pode dar a um mesmo serviço público – e transporte coletivo é serviço regulamentado – tratamento diverso. Empresas organizadas de ônibus cumprem ordens de serviço, com horários, freqüência e exigências de desempenho, têm folhas de pagamento com carteiras assinadas e pagam tributos e encargos. Chova ou faça sol, têm que cumprir o regulamento e ninguém imagina um motorista de ônibus (ou um empresário) seqüestrando um veículo apreendido, agredindo um fiscal ou depredando a propriedade de terceiros. Em caso de acidente, a responsabilidade civil é do transportador. Com os perueiros ocorre o oposto, sob o olhar complacente do poder público.

Se jogarmos gasolina em uma fogueira – sem ironia, pois a imagem é adequada ao tema –, há o risco de os circundantes se queimarem. É exatamente o que se está fazendo. Se diante de grave crise do transporte coletivo, abrem-se as comportas do transporte ilegal, desestrutura-se de forma irreversível o transporte organizado (e regulamentado) e atinge-se a população usuária, os motoristas e os cobradores. Aumentar a velocidade média dos ônibus com investimentos de baixo custo em faixas preferenciais ou exclusivas, acostamentos em paradas, financiamento para renovação da frota e programas de qualidade é um caminho, sem dúvida, mais construtivo. Estimular o caos interessa ao Brasil ilegal, aos políticos inconseqüentes e, sobretudo, à estratégia de venda das montadoras asiáticas de peruas... Nessa partida, a derrota está sendo humilhante para o Brasil legal.

(Folha de S. Paulo, 16 de abril de 2001)

De volta ao passado?

Embora sem uma visão abrangente e consistente de reforma do Estado, a proposta de criação do Ministério da Produção pode ser o sinal – ainda que tênue – de vida inteligente nos centros de decisão do País.

Lembremos que o Estado brasileiro foi reestruturado em dois momentos importantes: nos anos 30, em face dos efeitos devastadores da Grande Depressão internacional, e nos anos 60, pela perda de funcionalidade em relação às transformações internas da economia. Os anos 90 estão terminando sem que tivéssemos uma reestruturação à altura dos desafios impostos pela crise internacional e pela estagnação na qual, há muito, estamos atolados.

Reformar o Estado é tarefa para grandes estadistas; assim, esperamos que o presidente se revele como tal após a tão almejada reeleição. Mas, pelo andar descontrolado da carruagem, com frituras e queimações vindas de todos os lados, inclusive de dentro do próprio governo, o Ministério da Produção corre o risco de nascer torto.

Aliás, sua criação só tem importância se reintroduzir uma discussão mais consistente de estratégias de desenvolvimento, questões estruturais, planejamento e políticas compensatórias. Sem medidas e ações que conduzam o País a um novo ciclo sustentado de desenvolvimento, continuaremos atendendo prioritariamente aos desígnios dos interesses financeiros internacionais, em prejuízo da capacidade de gerar empregos e elevar nosso padrão de vida.

No entanto, não é fácil tirar o País do atoleiro. Sabe-se que os anos 80 e a primeira metade dos 90 foram marcados por grande instabilidade econômica, inflação descontrolada e baixo crescimento do PIB. O Plano Real se propôs a tirar partido da abertura externa para estabilizar os preços e permitir o crescimento sustentado.

Na verdade, a estratégia do Real era a de baixar a inflação para próximo de zero a qualquer custo. Para isto, valeu-se: 1) da valorização cambial; 2) das taxas de juros elevadas; 3) da maior abertura para importações (inclusive com reduções de tarifas). Como conseqüência, teve-se um desequilíbrio externo em 1995, com um déficit em conta corrente de US$ 18 bilhões. Em vez de corrigi-lo, exerceu-se mais atração para a entrada de recursos externos, para financiar o déficit e aumentar as reservas.

Mas a atração do dinheiro de curto prazo (facilidades de financiamento no exterior e juros internos elevados) acabou por trazer sérios problemas, em razão do comportamento instável desse capital, que sai vendendo títulos ou papéis em Bolsa e comprando dólares. Como um dos elementos de sustentação do Plano Real foi uma taxa de câmbio valorizada, com variação administrada nos limites de uma banda cambial, as expectativas em torno da desvalorização anteciparam saídas e crises.

A geração de um déficit externo crônico, próximo de 4% do PIB, e a dívida líquida acumulada em relação às exportações, também chegando aos 4%, aumentaram o "risco Brasil", e o País ficou vulnerável aos processos especulativos contra sua moeda, mesmo com reservas elevadas.

Adicionalmente, o Real gerou um déficit interno monumental, com gastos públicos superiores às receitas totais, de forma persistente. Até 1996, esse déficit correspondia, quase exclusivamente, ao pagamento dos serviços da dívida, reflexo da alta taxa de juros sobre uma dívida interna da ordem de 30% do PIB. Mas, a partir de certo ponto, acresceram-se o pagamento dos "rombos" do INSS e o financiamento do programa Brasil em Ação. Com um déficit interno nominal caminhando para os 8% do PIB, acrescentaram-se, ainda, as despesas com os programas de reestruturação dos bancos (Proer para os privados e Proes para os oficiais), concebidos para evitar um colapso sistêmico, trazido pela política de juros altos, na forma de inadimplência bancária.

A pressão de gastos públicos levou a dívida interna pública líquida de R$ 108 bilhões, no começo da administração FHC, para cerca de R$ 300 bilhões, no final de maio de 1998. Tal processo de endividamento pode ser sustentável no tempo? Uma taxa de juros de 40%, que incide sobre essa dívida interna, resulta no pagamento de juros anuais da ordem de R$ 120 bilhões.

Somando os juros da dívida externa do Tesouro e os gastos com o diferencial de juros pagos para manter as reservas internacionais, pode-se falar em cerca de R$ 12 bilhões de encargos financeiros mensais. Ora, a arrecadação total da União está abaixo de R$ 11 bilhões por mês. Não há nenhuma possibilidade de pagar esses juros e manter o funcionamento, mesmo precário, do Estado.

O fato é que, pela imprevidência do Executivo e do Congresso, a sucessão de crises externas vem produzindo conseqüências perversas, e o pacote do governo – sem as reformas estruturais – funcionará como um freio à expansão do PIB. Mas hoje, finalmente, discute-se como sair do atoleiro.

Um meio é acelerar as reformas estruturais, consolidar a estabilização e criar um novo ambiente para o crescimento. A reforma tributária deverá voltar-se para o aumento da eficiência e da eqüidade, assim como a revisão das amarras de natureza legal e trabalhista poderá reduzir o flagelo do desemprego. Mas há os que vêem na criação do Ministério da Produção o retorno ao passado, com desvalorização brusca do real, centralização do controle do câmbio e reintrodução das reservas de mercado pelo controle das importações, tudo isso ao custo de uma inflação "controlada". Talvez, por atavismo, chegue-se aos velhos compromissos de acender duas velas. Façam suas apostas, senhores!

(Folha de S. Paulo, 16 de dezembro de 1998)

Reformas:
farsa, drama ou tragédia?

A sociedade brasileira conquistou e quer manter a estabilidade da moeda, sem dúvida uma conquista importante da cidadania e condição necessária para o desenvolvimento futuro do País. Necessária, mas não suficiente, como demonstram as inquietações e tensões freqüentes relacionadas com o desemprego, a marginalização social e a degradação crescente da autoridade pública. Na difícil e demorada transição para um novo ciclo de desenvolvimento sustentado, tornou-se evidente a falta de funcionalidade do Estado e a necessidade urgente de sua reestruturação. Assim, apesar das frustrações de curto prazo, relacionadas com a rigidez da política econômica – inteiramente voltada para a preservação do Real –, há uma consciência crescente quanto à necessidade de mudanças estruturais profundas e duradouras.

Todos sabem que a previdência social não atende aos requisitos elementares da vida civilizada e, em grande parte, está quebrada por ter sido o território hospitaleiro de todas as formas de pirataria imagináveis. Sabem também que o sistema de apadrinhamento político destruiu as bases das carreiras do funcionalismo público e impôs despesas que comprometem irremediavelmente as arrecadações dos três níveis de governo. Também faz parte do senso comum a idéia de que o sistema tributário enreda o cidadão numa cadeia "kafkiana" de procedimentos e superposições de encargos, penaliza os que trabalham, favorece os ociosos e não resolve os problemas dos governos.

Diante dessas constatações, a palavra de ordem passou a ser a das *reformas*. Quando se pergunta *o que* reformar, há uma clara convergência: tudo o que, além de comprometer a conquista da estabilidade da moeda, ameaça a possibilidade de desenvolvimento futuro, ou seja, a administração pública, a previdência, a justiça, o sistema de representação política, enfim, a ampla reestruturação do Estado. Mas a questão é a de *como* reformar. É aí que as coisas pegam, pois criou-se um clima de desconfiança geral em relação às propostas, em parte porque os que detêm privilégios querem conservá-los, mas também porque não se sabe qual o alcance do que está sendo proposto. Procurou-se criar a imagem de um Executivo que quer as reformas (e sabe o que é melhor para a sociedade) contra o Legislativo e Judiciário que querem impedi-las. Ou acaba-se por desconfiar que o Executivo, na verdade, insiste em ser derrotado para ressurgir como o paladino das reformas.

Essa discussão nos leva a três cenários:
- o da *farsa*, considerando que, de um lado, mesmo sabendo da importância das reformas, o Executivo encaminha projetos de conteúdo claramente insuficiente em relação à dimensão e profundidade das mudanças exigidas e, de outro, o Congresso, também sabendo dessa importância, não apresenta modificações e alternativas para não contrariar interesses estabelecidos;
- o do *drama*, no caso de o Executivo estar apresentando propostas de largo alcance, consistentes e muito bem fundamentadas, mas o Congresso, inteiramente despreparado, as rejeitar por incapacidade de entender a sua importância para a sociedade;
- o da *tragédia*, no caso de o Executivo estar encaminhando de boa fé projetos medíocres e inconsistentes, uma vez que, dado o seu gritante despreparo, essa é a forma pela qual está apto a apresentá-los, e o Congresso, igualmente despreparado e sem grandeza, não consegue produzir algo melhor.

No primeiro caso, a sociedade estaria sendo ludibriada por um jogo político cujo objetivo maior é a ela sonegado. Por mais frustrante que seja essa situação, no entanto, é sempre possível a saída da mobilização para que se recoloque o processo das reformas no caminho da seriedade. No segundo, o drama conduz à idéia de que só um Executivo forte poderia dar governabilidade ao país. A *"Fujimorização"* (obviamente à brasileira) seria a resposta à incapacidade do Congresso, só que poderia, na sua tentativa de aclimatação, nos levar a uma *comédia* de erros. O terceiro nos levaria a uma grande frustração em relação às expectativas da sociedade e, mesmo, a impasses futuros, pois Executivo e Congresso, mesmo agindo de boa fé, seriam incapazes de oferecer soluções seguras. Ao relegarem a reforma fiscal e tributária a um segundo plano – sabendo que ela é a mais importante –, poderiam estar dando um bom indício dessa incapacidade.

Pesquisa recentemente divulgada pela FIPE da Universidade de São Paulo mostrou que, com a realização de reformas sérias e em profundidade (o que não é propriamente o caso do que está sendo debatido no Congresso), o País poderia retomar a taxa histórica de crescimento anual do PIB de 7%, ocorrida entre 1947 e 1982. As reformas poderiam ampliar a participação dos investimentos no PIB para 22% e criar anualmente cerca de 1,8 milhão de novos empregos. Nada mal para um país com a moeda estabilizada!

A verdadeira tragédia é estarmos condenados a um crescimento medíocre, incompatível com as exigências de criação de empregos para uma população ainda jovem, e, sobretudo, tirarmos desses jovens as perspectivas de melhores oportunidades. Há 15 anos a economia brasileira vem tendo um desempenho medíocre e impondo sobressaltos e angústias à sociedade. Em breve surgirão os paladinos do crescimento a qualquer preço, o que certamente trará de volta o monstro da inflação. O melhor a fazer, ainda, é levar adiante reformas profundas no Estado brasileiro, como resultado de um entendimento amadurecido e democrático do seu alcance. Deixemos as farsas, dramas e tragédias para o bom teatro.

(O Estado de S. Paulo, 21 de julho de 1997)

Parte 3

Infra-estruturas e Crescimento

O custo da deficiência

O tema da relação entre infra-estrutura e crescimento vem gradativamente se tornando objeto de atenção. É como se houvesse uma tomada de consciência a respeito da sua importância para o desenvolvimento do País. Há uns anos, o ex-ministro João Camilo Pena coordenou um projeto para a Fundação Dom Cabral, em Belo Horizonte, com o apoio do Ministério da Ciência e Tecnologia, em que reuniu uma equipe de colaboradores para estudar a competitividade no País. Como resultado dessa iniciativa, foi publicado um livro que se chama *Em Busca do Futuro – A Competitividade no Brasil,* em que me coube a parte relativa a infra-estruturas, que é a base deste artigo. Nos últimos 20 anos, assistimos a um aumento das deficiências na oferta de serviços de energia, transporte, telecomunicações e saneamento. Houve mudança muito significativa nos mecanismos de financiamento, colapso no aporte de recursos públicos, fim das vinculações tributárias e dos fundos setoriais que davam sustentação aos investimentos e, com isso, o encerramento de um ciclo de expansão contínua das infra-estruturas no Brasil. Podemos acrescentar o desmonte das empresas estatais, e a única alternativa apontada pelos governos, principalmente a partir de Fernando Collor, foram as privatizações. Cabe ressaltar, ainda, a hiperinflação, que impedia programações de longo prazo, além da crise do Estado brasileiro e da Constituição de 88, que afetaram todo o processo de investimento da União.

No primeiro ciclo continuado de crescimento do País, baseado nas vendas de produtos primários para mercados externos, entre 1880 e 1930, a implantação e a exploração das infra-estruturas atendiam às necessidades de uma economia de exportação. Europa ocidental e Estados Unidos eram os principais consumidores desses produtos. No processo decisório predominava o setor privado, orientado pela lógica das vendas externas. Construir uma ferrovia era uma decisão que obviamente dependia de uma concessão governamental, mas era voltada para atender ao transporte de um produto exportável. Os critérios de retorno do investimento eram fundamentados em estratégias definidas por interesses dos capitais estrangeiros. Toda a malha ferroviária, os portos, os transportes urbanos, os sistemas de saneamento, as usinas de geração de energia elétrica, enfim, toda essa infra-estrutura foi construída e explorada por capitais externos, primeiramente ingleses e depois norte-americanos. O interesse desses investidores era não só localizar novas praças que pudessem absorver a produção de bens de capital desses países, como também mobilizar os mercados financeiros em busca de maior rentabilidade nas aplicações do capital. O Brasil era basicamente um produtor de alimentos e matérias-primas industriais. A exploração era feita por empresas concessionárias privadas, em geral estrangeiras, controladas por órgãos governamentais da administração direta. A estrutura era muito simples, com departamentos que faziam o que modernamente se chama de regulação dessas concessões. Em resumo, aporte de recursos privados, concessões, pouca intervenção do Estado, o que levou a um crescimento médio anual do PIB durante esses 50 anos em torno de 4,5%, uma taxa histórica bastante significativa.

Entre 1930 e 1980, o Brasil entrou em novo ciclo. A grande crise gerada pela depressão de 1929 afetou o País, mas curiosamente a reação brasileira não foi de estagnação. Ocorreu uma transformação profunda na estrutura econômica e nas instituições públicas. O Estado começou a intervir pesadamente na economia, passando a ser indutor do desenvolvimento. Teve início o ciclo de industrialização acelerada, que se baseou na substituição de importações. É claro que isso não aconteceu de uma hora para outra. O Brasil já vinha tentando industrializar-se desde pelo menos o princípio do século 20. A partir de 1930, todavia, a implantação e exploração das infra-estruturas passaram a ter outro enfoque. O processo decisório também se alterou, com a predominância do setor público, orientado pela lógica político-desenvolvimentista. O Estado, ao assumir a liderança do processo de investimentos, toma como critérios não mais os ganhos de mercado, mas os dividendos políticos (no sentido mais amplo) e o que essas infra-estruturas representarão para o desenvolvimento nacional. A exploração dos serviços passa a ser feita por empresas estatais, as infra-estruturas vão sendo gradualmente estatizadas e raríssimos foram os segmentos que permaneceram sob operação ou exploração privada. Energia elétrica, transporte ferroviário, portos, telecomunicações, saneamento, todos ficam sob controle do Estado num período que vai de meados dos anos 40 até o final dos 50. Além disso, surgiram novas infra-estruturas para dar sustentação ao desenvolvimento e também empresas produtoras de bens, como a Companhia Siderúrgica Nacional (CSN) e a Companhia Vale do Rio Doce.

Dupla função

A exploração dos serviços públicos por empresas estatais gerou no final desse ciclo uma superposição entre funções de concessionárias, poder concedente e mesmo a administração direta. A divisão entre esses papéis, que era clara no ciclo anterior, nesse se tornou menos definida. Assim, a Eletrobrás, que seria uma concessionária estatal de serviços de energia elétrica, ficou também responsável pelo planejamento do setor, uma atividade da administração direta. As empresas estatais transformaram-se em juízes e jogadores nessa partida, o que provocou uma complicação institucional. O crescimento médio anual do PIB entre 1930 e 1980 foi próximo de 7%. Poucos países do mundo tiveram esse desempenho. O Brasil se transformou, urbanizou-se, industrializou-se e chegou aos anos 80 com uma estrutura econômica bastante diversificada, com presença forte do setor industrial e confiança em que o progresso continuaria. A partir de 1982, porém, isso parou de acontecer, e ficamos diante de uma nova visão do País. Até 1980 os filhos tinham certeza de que alcançariam situação melhor do que os pais e os avós. A partir de 1980, principalmente nos anos 90, os filhos sabem que vão estar em condições piores, uma mudança radical de perspectiva. Há 20 anos estamos tentando ingressar num ciclo de desenvolvimento sustentado, e a taxa média anual de evolução do PIB, que não chega a 2%, mal compensa o crescimento populacional, mesmo que este tenha diminuído drasticamente. Forçosamente, o Brasil, como um país industrializado ou já com uma importante atividade produtiva, terá de buscar competitividade, não só no mercado interno como também nas exportações. Um dado novo é a relação entre o papel do setor público e o do privado. As coisas já não ficaram tão claras. O Estado desenvolvimentista quebrou, não tem capacidade de investir. E o setor privado, que tem essa possibilidade, durante muito tempo passou por uma série de incertezas e mostra-se inseguro para fazer os investimentos de longo prazo que caracterizam a infra-estrutura. Assim, não temos ainda formas consolidadas de atrair o capital privado, a não ser em processos de concessão, que são, em alguns casos, relativamente restritos. E hoje os critérios de retorno do dinheiro investido também já são diferentes, ditados por estratégias definidas por interesses da economia globalizada.

Sem planejamento

Mas ao longo destes últimos dez anos aconteceram algumas novidades importantes. Primeiro, a exploração dos serviços públicos deixou de ser exclusividade estatal e passou a ser feita também por concessionários privados. Foram criadas as agências reguladoras e, embora não tenhamos promovido uma reforma profunda do Estado, apareceram como que de improviso novos entes públicos, que no final desse processo acabam por modificar também a estrutura do próprio Estado. É um erro achar que as agências reguladoras tomam o lugar da administração direta na formulação de políticas públicas, no planejamento e na definição de estratégias e prioridades de governo. Elas são meramente reguladoras de contratos de concessão e não substituem os núcleos de inteligência do Estado. Mas, como esses núcleos foram sistematicamente desmontados ao longo dos anos 90, o Estado não tem capacidade de formular políticas, estratégias e planos. A palavra "planejamento" foi banida do vocabulário dos economistas. Por outro lado, surgiram também novos atores, como as entidades de defesa do consumidor. Quando havia o predomínio das companhias estatais na prestação de serviços, a atitude geral era de desalento. Não adiantava brigar contra uma Telesp, uma Sabesp, uma empresa pública. Com a privatização, o consumidor adquiriu consciência de seus direitos e passou a exercê-los. Apareceram igualmente as organizações não-governamentais e as agências de promoção de desenvolvimento, ou seja, a idéia de que o crescimento daqui para a frente não será alavancado apenas pelo Estado, mas pela sociedade. Hoje há uma consciência, talvez ainda difusa, mas que se fortalece, de que os estrangulamentos físicos, operacionais e gerenciais das infra-estruturas afetam diretamente a competitividade das exportações e o abastecimento interno, e impedem o alargamento do mercado nacional. Associados à deficiência das infra-estruturas, existem os desperdícios físicos, que se traduzem na perda de bens e serviços já produzidos, sem atender as necessidades de consumidores e empresas. Por exemplo, todo o ciclo de manejo, embalagem, transporte, armazenagem e distribuição de bens oriundos da agricultura representa uma perda importante na economia, pela deficiência dos serviços de infra-estrutura. As estimativas são muito variadas, mas chega-se a admitir que em determinados produtos agrícolas o índice do que se perde é de quase 50%. Outro ciclo de perdas significativas relaciona-se à energia elétrica. Além dos problemas de geração, que nos afligem hoje, temos tradicionalmente um desperdício elevado na cadeia de transmissão, distribuição e consumo. No fornecimento de água, principalmente nas regiões urbanas, o esbanjamento também é muito grande. Outro fator: se a estatização dos serviços públicos foi importante num determinado momento da vida do País, a apropriação dessas empresas por interesses políticos, partidários e, freqüentemente, privados reduziu drasticamente sua eficiência. Não há empreendimento que agüente uma coisa dessas. Furnas, por exemplo, era uma companhia que no final dos anos 70 tinha 1,5 mil empregados e em 1990 contava com mais de 8 mil. Ao terminar esse ciclo do Estado desenvolvimentista, não foi só a capacidade de investimento que se reduziu drasticamente, mas também os núcleos de inteligência e de capacitação profissional. O grande celeiro de formação profissional ou de pesquisa tecnológica no Brasil foi sempre o das empresas estatais.

Revolução digital

Vamos fazer uma rápida passagem por algumas tendências mundiais e pelo que aconteceu no Brasil. Nas telecomunicações, houve uma digitalização progressiva das funções de comutação e transmissão e a expansão das malhas de fibra óptica. Isso alterou completamente o quadro. Essas mudanças tecnológicas, pela rapidez e pela dinâmica da pesquisa, da incorporação da tecnologia à produção desses serviços, provocaram alterações também de natureza organizacional e institucional. No Brasil, implantamos serviços interligados e começamos a viver a revolução dos meios digitais, da transmissão por dados e imagens, da telefonia móvel etc. E inevitavelmente a busca de modelos alternativos, a quebra de monopólios estatais, a abertura ao setor privado, formas mais adequadas de regulação dos mercados e descentralização. Em relação à energia, no mundo há disponibilidade de petróleo, certa estabilidade de preço, sem maiores sobressaltos, afora a possibilidade de ocorrência de um conflito no Oriente Médio. Houve aumento das reservas mundiais de gás natural, que passou a ter maior participação nas matrizes de transporte. No setor elétrico aconteceram mudanças jurídicas e institucionais muito sérias, uma reestruturação com vistas a regular o monopólio das concessionárias de distribuição. Isso começou na Inglaterra, depois se estendeu pela Europa e pelos Estados Unidos, num quadro de maior competição tanto na distribuição como posteriormente na própria geração, com a possibilidade de entrada no mercado de produtores independentes ou co-geradores. Um aspecto importante na questão da energia elétrica, principalmente para países como o Brasil, são os condicionamentos ambientais que gradualmente foram impostos por entidades internacionais, como o Banco Mundial e o Banco Interamericano de Desenvolvimento, para concessão de financiamentos a hidrelétricas. No País, o setor mais afetado pela reforma e pela privatização foi o elétrico. Trata-se de um insumo presente em quase todas as atividades produtivas. Sua reestruturação obedeceu a uma lógica que foi a da desverticalização da cadeia produtiva como condição para a concorrência. Regras coerentes permitiriam às forças de mercado operar fontes energéticas distintas de forma mais eficiente, procurando substituições. Essas grandes mudanças e uma regulação que não foi tão bem estruturada como na área de telecomunicações geraram incertezas, dificultaram decisões de concessionárias e retardaram muito o investimento em produção. O setor elétrico passou a viver, principalmente do ponto de vista da geração, o pior dos mundos, sem recursos públicos nem privados, portanto sem investimentos na conclusão das hidrelétricas inacabadas e com uma margem de risco muito elevada nas operações dos reservatórios. Na geração e transmissão, os investimentos têm prazo de maturação e retorno muito longos. São incompatíveis com padrões financeiros do capital privado no Brasil, a não ser que existam sistemas de financiamento para investimentos de longo prazo. E o único mecanismo que temos é o BNDES (Banco Nacional de Desenvolvimento Econômico e Social).

Movimentação inadequada

No caso de transportes, embora a situação não seja tão séria quanto a de energia elétrica, ela é grave também, na medida em que o sistema não se mostra adequado para baratear o custo do abastecimento interno e das exportações. No mundo, foram criadas concepções do transporte como um elo de cadeias logísticas muito complexas. O processo produtivo todo se alterou. Conseqüentemente, o transporte teve de atender a novas formas de produção e de localização dos produtos, das trocas entre empresas ou entre produtores e consumidores. Houve um desenvolvimento de técnicas muito avançadas de estocagem, acondicionamento, manuseio e movimentação de cargas. E redução de custos operacionais e tempos de movimentação. Um contêiner com mercadorias industriais sai de uma fábrica no Japão, é colocado num caminhão ou diretamente num trem, vai para o porto de Yokohama e dali é transferido para um navio que atravessa o Pacífico, chegando ao porto de Los Angeles ou San Francisco. Lá é levado para um trem especial, em geral um *double-decker* (dois andares) de contêineres, que vai direto para a costa leste. No porto de Baltimore, passa para outro navio e chega, digamos, a Roterdã, na Holanda, onde embarca num trem ou caminhão rumo ao destino final. Essa operação é integrada e está sob a responsabilidade de um único operador, em todas as etapas. No Brasil temos um projeto de lei para a criação do Operador do Transporte Multimodal, aprovado no início de 2001, mas que ainda não foi regulamentado pelo Executivo. O que está acontecendo no País? No caso das rodovias, as concessões foram apontadas como solução. Não havia mais recursos públicos, a Constituição de 88 vetou as vinculações de tributos, foi extinto o Fundo Rodoviário Nacional, a tributação sobre combustível e lubrificantes foi transferida para os Estados sem que a União se desfizesse da parte da malha rodoviária sob sua responsabilidade. Pesquisas recentes mostram que 69% das estradas federais estão em situação que poderia ser classificada como péssima, ruim ou sofrível. Num primeiro estágio foram privatizados, por meio de concessões, 1.680 quilômetros de rodovias federais e concedidos por meio de delegação da União a Estados mais 3 mil, perfazendo cerca de 9% da malha federal pavimentada. Em processo de licitação encontram-se mais 2,7 mil quilômetros (5,4%), o que leva a um total de 7,3 mil quilômetros. Numa malha federal pavimentada de cerca de 52 mil quilômetros, o que fazer com os 45 mil restantes? No setor ferroviário, toda a rede foi privatizada. O modelo adotado foi o de arrendamento das linhas, instalações e equipamentos. Mas faltou um planejamento que definisse o papel das ferrovias no crescimento do País. Os concessionários são os grandes usuários do próprio serviço. Transportam minério de ferro, cimento, produtos siderúrgicos e grãos. Não buscam novos negócios. Quanto aos portos, apresentam custo muito elevado, são ineficientes e pouco competitivos. O porto é uma babel de burocracia, que afeta principalmente o pequeno e médio usuário, aquele que não tem acesso aos terminais especializados. São características incompatíveis com modernos conceitos comerciais.

(Palestra proferida no Conselho de Economia, Sociologia e Política da Federação do Comércio do Estado de São Paulo, no dia 11 de outubro de 2001, e reproduzida na revista Problemas Brasileiros, de maio-junho de 2002)

Infra-estruturas e crescimento

Quando economistas que tomam decisões são acometidos pela obsessão monetarista e esquecem, por muito tempo, o alerta de Keynes para o "lado físico da oferta" – especialmente no que diz respeito às infra-estruturas –, o resultado inevitável é o desastre. Quando esquecem, ainda, o seu passado "estruturalista", e se envergonham do que escreveram no passado, o desastre atinge proporções de catástrofe. A degradação ou colapso das infra-estruturas vem criando estrangulamentos monumentais à atividade econômica e, obviamente, obstáculos ao crescimento.

Hoje, as atenções estão voltadas para o setor elétrico, ante as ameaças de colapso na geração. Mas a opinião pública sabe que a oferta de rodovias, ferrovias, serviços portuários, transportes urbanos, saneamento básico e mesmo telecomunicações é incompatível com as exigências do nosso desenvolvimento. É visível, também, que algumas infra-estruturas estão à beira da falência de função e em estado terminal.

Há duas décadas o País é refém de políticas de curto prazo, que menosprezaram as necessidades de manutenção, recuperação e expansão da oferta de serviços básicos. A degradação das infra-estruturas era visível, mas não se buscaram mecanismos de financiamento alternativos, ante o colapso dos aportes de recursos tradicionais, que propiciaram, aliás, uma grande e contínua expansão da oferta por mais de três décadas. Promoveu-se o desmonte das empresas estatais e jogou-se com a panacéia das privatizações, quando se sabia que o Estado não poderia estar ausente de qualquer esforço de investimento nas infra-estruturas. Hoje, ironicamente, os deuses do mercado – FMI à frente –, para quem foram oferecidos em seus altares os sacrifícios de nosso povo, começam a reconhecer que, em países como o Brasil, não se pode prescindir de uma forte presença do Estado e dos investimentos públicos. Mas a prioridade, especialmente nos últimos anos, foi sacrificar justamente os investimentos públicos, deixar as infra-estruturas construídas no passado se degradarem e não concluir as obras de expansão. O lendário primeiro-ministro português Salazar ficaria extasiado com tamanha dedicação à administração financeira por parte do governo brasileiro.

Desde 1980, tentamos ingressar num novo ciclo de crescimento sustentado, no que seria uma economia industrial baseada na ampliação do mercado interno e na competitividade externa. O crescimento, todavia, foi medíocre: em torno de 2% ao ano nestes últimos 20 anos. A implantação e a exploração das infra-estruturas deveriam atender a esse ciclo, no âmbito de um processo decisório compartilhado entre os setores público e privado e orientado simultaneamente pelas lógicas dos mercados interno e mundial. É indiscutível a emergência de critérios de retorno do capital investido segundo estratégias definidas por interesses da economia globalizada e pelos mecanismos de *project finance*. Como também a exploração por concessionárias privadas organizadas em consórcios, controladas por agências reguladoras. Inevitável, também, seria o surgimento de novos atores: entidades de defesa do consumidor, organizações não-governamentais (terceiro setor) e agências de desenvolvimento. Mas a questão que ficou sem resposta foi: "Qual seria o papel do Estado neste novo contexto?".

Como a chamada reforma do Estado foi um tiro n'água e as palavras desenvolvimento, longo prazo, estratégia, planejamento e avaliação social de projetos foram banidas dos discursos oficiais (não se sabe bem se porque fizessem parte da linguagem militar ou do comunismo), não sabemos, hoje, que rumo tomar. Na verdade, há uma consciência difusa de que tanto a competitividade das exportações quanto o abastecimento interno e o alargamento do mercado nacional são afetados pelos estrangulamentos físicos, operacionais e gerenciais das infra-estruturas. No entanto, continuamos a nos ater a uma política econômica que se satisfaz em manejar instrumentos de política monetária e, quando muito, cambial. A estagnação é conseqüência.

A situação caótica das infra-estruturas não nos deve surpreender. Centros de excelência estatais foram desmontados, privatizações foram feitas antes da função reguladora, metas foram definidas em função de interesses privados, e não do interesse nacional mais legítimo. Mas o Brasil de hoje não é um exportador de produtos primários, em que as infra-estruturas obedecem à lógica do interesse externo. Também não é mais uma economia industrial sustentada por proteções e reservas de mercado. É uma economia mais madura, que exige o apoio de infra-estruturas complexas e eficientes. Que necessita do aporte de recursos privados, mas não pode prescindir do investimento público. Se pelo menos parte dos recursos do Proer, da Sudam/Sudene e mecanismos institucionalizados de corrupção pudesse ter sido aplicada nas infra-estruturas, estaríamos, sem dúvida, vivendo melhor.

(Folha de S. Paulo, 13 de agosto de 2001)

Crise energética: a hora da verdade

Espera-se que a crise do setor de energia elétrica – com suas desculpas inconseqüentes – tenha como contrapartida ao sacrifício que será imposto à sociedade a possibilidade de se abrir a Caixa de Pandora. Para desvendar demônios ou, quem sabe, esperanças. Há pelo menos dez anos, especialistas chamam a atenção para a necessidade de recuperar, modernizar e ampliar as infra-estruturas de geração, transmissão e distribuição de energia. Mais ainda, para a visão das infra-estruturas de energia, telecomunicações e transportes como fatores de sustentação de um novo ciclo de desenvolvimento. Inúmeros estudos identificaram graves estrangulamentos ao poder de competição da indústria e agricultura nacionais, nos desequilíbrios da matriz energética, nos portos, ferrovias, rodovias e telecomunicações. É sabido que, nos anos 90, o enfraquecimento do processo decisório governamental, a erosão na capacidade de financiamento com recursos fiscais e a degradação da gestão pública foram as causas primordiais da crise que atingiu os diversos segmentos das infra-estruturas, em particular o de energia elétrica.

O Brasil nunca dispôs de uma política energética abrangente e integrada, exceção ao esforço feito, para esse fim, no governo Geisel. As políticas e prioridades para os setores elétrico, de petróleo e gás natural sempre foram estanques. Para o setor elétrico, o que acabou por prevalecer, em termos de política governamental foi, ao invés de planejamento de longo prazo, uma transição desordenada, que se caracterizou pelas prioridades – explícitas ou não – de: i) criar um modelo de regulação e fiscalização, tendo em vista a privatização do setor; ii) concluir as obras das usinas geradoras paralisadas, por meio de concessões ao capital privado; iii) construir novas usinas de médio porte sob o regime de concessão; iv) incentivar a construção de pequenas e médias usinas termelétricas; e v) dar continuidade ao processo de venda de empresas estatais.

Estudos e planos feitos ao longo dos anos 90 admitiram um crescimento médio anual de 4% a 5% na demanda por energia elétrica entre 1996 e 2003. Modesto para os padrões históricos brasileiros, mas compatível com o quadro de estagnação econômica, uma vez que é alta a elasticidade-renda dessa demanda. Seria necessário, assim, no mínimo ampliar a capacidade instalada em cerca de 3 GW/ano. Essa taxa moderada de crescimento exigiria investimentos da ordem de US$ 6 a 7 bilhões anuais. Mas, diante do colapso das formas tradicionais de financiamento público, foi disseminada a idéia de que, para atingir esse nível de recursos, seria inevitável a captação de recursos do setor privado por meio de mecanismos de *Project Finance*, principalmente para a geração. Seria crucial, ainda, a regulação do setor elétrico, para definir e preservar as regras nos prazos de concessão.

Acontece que, ao abandono do esforço histórico de pesados investimentos públicos do sistema Eletrobrás, não houve a contrapartida de investimentos privados. Claro que ocorreu a degradação do potencial de recursos públicos para o setor, mas será que era mesmo importante drená-los para salvar, por exemplo, o setor bancário de uma "crise sistêmica", ao invés de evitar uma futura crise energética? É claro, também, que houve incertezas para o setor privado, que criaram obstáculos à entrada de capitais. Entre outras, a demora em definir condições contratuais e regras tarifárias estáveis, assim como parâmetros de utilização das linhas de transmissão.

Mas a verdade é que a idéia de retirar da Eletrobrás suas funções mais importantes – de planejamento setorial, coordenação operacional e agente financeiro do setor – não teve a contrapartida de um sistema decisório articulado. Cabe lembrar que, ao longo de décadas, a Eletrobrás também desempenhou, na prática, a função de definidora das estratégias e políticas setoriais. Note-se que a reestruturação do setor elétrico manteve, em grande parte, a posição de controle na esfera federal. A Aneel é uma autarquia federal, em regime especial, vinculada ao Ministério das Minas e Energia. Sua importância prende-se ao fato de a concessão a empresas privadas não eximir o Estado da responsabilidade final, definida na Constituição Federal, quanto à adequada prestação desses serviços. Portanto, o governo federal não pode, diante da crise há tempos anunciada, "tirar o corpo fora", atribuindo a responsabilidade aos deuses.

Não é segredo para ninguém que, num sistema complexo e diversificado de agentes independentes e com funções distintas de geração, transmissão e distribuição, a lógica de mercado introduz o conflito entre a necessidade coletiva de operação integrada e a busca da maximização dos resultados econômicos individuais por parte dos agentes privados. Assim, deveria crescer, ao contrário do que se pensa, a responsabilidade do governo federal, em termos de estratégias de desenvolvimento, planejamento e atividade reguladora, em bases bem diferentes do controle burocrático e centralizador presente na tradição histórica brasileira. A regulação deveria incidir sobre os vários tipos de relação entre operadores privados, de modo a garantir o adequado funcionamento do sistema para os usuários dos serviços.

Agora, a questão que coloca o governo contra a parede é a de como administrar um sistema complexo, que pretende descentralizar a geração entre autoprodutores, co-geradores, produtores independentes sob o regime de concessão e consórcios para construir e explorar usinas. Sabendo-se, inclusive, que os pequenos geradores não integrarão o sistema interligado. E, mesmo privatizando, de onde virão os recursos? O BNDES vem manifestando interesse, mas o montante de recursos destinados à infra-estrutura elétrica é relativamente modesto, face às suas enormes carências e necessidades.

Cabe observar, por fim, que, no festival de privatizações das empresas elétricas distribuidoras, os ágios elevados decorreram de várias razões. As bases de cálculo foram, em geral, subavaliadas e utilizados recursos financeiros com juros muito baixos, provenientes dos países de origem dos participantes dos consórcios, assim como do BNDES (casos da Light e da Coelba). Acrescente-se, ainda, os altos riscos incorridos pelos fundos de pensão de empresas estatais nas operações de compra e a distribuição de energia com baixíssimo risco, pelo repasse integral ao consumidor do preço de fornecimento cobrado pelo gerador. Finalmente, também o vislumbre de reajustes tarifários significativos no curto prazo, sabendo-se da falta de correspondência entre tarifas e custos nas estatais.

Quanto à privatização da geração, até agora praticamente só se considerou a entrada de autoprodutores e, no plano federal, excetuando a solução encontrada para a usina de Lageado, não houve venda de empresas geradoras a terceiros. Mas a questão mais importante, no caso da geração, é a da conclusão das obras inacabadas e instalações das hidrelétricas de grande porte. Seus custos elevados dificultam a formulação de engenharias financeiras adequadas e, portanto, o interesse que possam ter os grupos privados. No passado, os aumentos de capacidade instalada, feitos com investimentos públicos, foram planejados de forma a dar folgas para os imprevistos. Hoje, sabe-se que as políticas de curto prazo do governo estrangularam os investimentos públicos e geraram incertezas para os investimentos privados. E diz-se, ainda, que a crise é provocada pela ira dos deuses. Por toda essa sucessão de erros e imprevidências, a sociedade vai pagar com o racionamento. É a velha tradição brasileira de socializar os prejuízos.

(Artigo inédito, escrito em julho de 2001)

Realidade urbana, mentalidade rural

Vale a pena fazer algumas considerações sobre este Brasil altamente urbanizado, no plano da realidade, e ainda rural, nas suas ordenações institucional, política e ideológica. Quase 140 milhões de brasileiros vivem em cidades (mais de 81% do total), enquanto pouco menos de 32 milhões vivem no campo. Temos um ministério que cuida (mal ou bem) da reforma agrária, uma poderosa bancada ruralista no Congresso e uma notável mobilização da inteligência nacional para discutir os problemas do meio rural. Os partidos políticos, via de regra, deixam os seus eleitores urbanos literalmente ao deus-dará, encarando a questão urbana não de forma programática e ordenada.

Um fenômeno associado à urbanização é a redução do crescimento populacional (hoje estimado em 1,4% ao ano), acentuando uma transição que implica o aumento da população adulta e idosa – assim como da expectativa de vida – e a queda na fecundidade. Dessa forma, os problemas de geração de empregos, melhorias nas infra-estruturas de serviços públicos, apoio aos idosos e maiores exigências quanto à qualidade de vida tornaram-se predominantemente urbanos. Por outro lado, curiosamente, um dos fatores que levam o Brasil a se tornar mais feminino (96,6 homens para cada grupo de 100 mulheres) e mais velho são as mortes violentas, que atingem mais os homens a partir da adolescência nos grandes centros urbanos. Assim, quanto mais urbanizada a região, maior o número de mulheres, enquanto o número de homens cresce no meio rural.

Um dos equívocos da Constituição de 1988 foi exagerar na dose da descentralização, propiciando a retirada do governo federal da formulação de políticas urbanas e esvaziando a gestão metropolitana, uma vez que as questões urbanas passaram a ser vistas como de responsabilidade local. Ora, num país com as dimensões geográficas e desequilíbrios sociais do Brasil é no mínimo ingênuo considerar que fluxos migratórios, provisão de infra-estruturas complexas de serviços públicos, geração de empregos, defesa do meio ambiente e combate à violência possam ser objeto de soluções locais, sem o comprometimento do governo federal. Este vem "tirando o corpo fora" já há algum tempo, como se problemas de saneamento básico, proteção ambiental ou transporte de massa nas regiões metropolitanas pudessem ser resolvidos sem a sua participação. Nem nos EUA, com toda a sua invejável descentralização, a União se exime das responsabilidades pelas políticas urbanas.

Nos espaços urbanizados brasileiros houve o fortalecimento das áreas centrais expandidas e o enfraquecimento da periferia. Além da acelerada formação de bolsões de pobreza em áreas degradadas centrais (favelas e cortiços), ocorreu o rebatimento espacial do fenômeno da dualidade social e econômica nas aglomerações urbanas, ou seja, um desequilíbrio centro/periferia que se agravou com a explosão demográfica dos anos 60 e 70. Os reflexos dessa urbanização se traduzem na posição tanto mais desvantajosa quanto maior o afastamento das periferias, em termos de: 1) disponibilidade e qualidade dos serviços públicos; 2) qualificação da mão-de-obra; 3) linha de pobreza; 4) mortalidade infantil; 5) nível de escolaridade; 6) ocorrência de crimes contra a pessoa; e 7) número médio de cômodos por domicílio, entre inúmeros outros indicadores de qualidade de vida.

Acrescente-se a essa bomba de retardo social uma nova pobreza concentrada nas grandes cidades. Como todos têm direito à cidade, hoje o fenômeno da exclusão social decorrente da lógica econômica da globalização repercute sobre o espaço urbano de forma dramática, pelo aumento do número de moradores de rua, pela formação de favelas (3.905 espalhadas pelo País e 1.548 em São Paulo), além da degradação acelerada e difusa do ambiente urbano. À impressionante dimensão urbana da pobreza não se contrapõem políticas nacionais consistentes que superem a postura do governo federal de navegar ao largo da tempestade, de um lado, e, de outro, a visão de buscar soluções setoriais estanques para os problemas habitacionais, de saneamento e transportes.

Essa falta de vontade de encarar a realidade urbana em toda a sua dimensão é agravada, ainda, pela maneira corporativa e compartimentada com que os profissionais especializados a vêem. Arquitetos e urbanistas preocupam-se com o planejamento físico/territorial; engenheiros vêem a cidade como o espaço de obras urbanísticas e se realizam com a sua transformação em "canteiros de obras"; economistas enxergam hoje apenas o endividamento e o colapso das alternativas convencionais de financiamento, enquanto os sociólogos estudam devotadamente as inúmeras facetas da pobreza.

Como não há nem o desejo de se comunicar nem o de agir de maneira coordenada e multidisciplinar, o desenvolvimento urbano fica sem estratégias, políticas públicas e planejamento. A realidade é dramaticamente urbana, mas nossa mentalidade é do tempo da casa-grande e da senzala.

(Folha de S. Paulo, 10 de janeiro de 2001)

Saneamento ambiental e descentralização

Se há um segmento das infra-estruturas no qual as chamadas "parcerias" público-privadas ganham uma dimensão muito ampla, este é o do saneamento ambiental. Hoje há uma forte convergência de opiniões entre especialistas quanto à necessidade de redefinição do papel e modo de atuação das empresas estaduais de saneamento, em especial da Sabesp, inclusive no que diz respeito às formas de relacionamento com o poder público estadual e com os municípios concedentes. Urge, inclusive, rever em profundidade os contratos de concessão vigentes, estabelecendo novas cláusulas regulamentares nas questões relacionadas com a exploração dos serviços.

A Sabesp, por exemplo, poderá desenvolver atividades de órgão técnico do Conselho Estadual de Saneamento, em termos de assistência e fomento, executando ações de interesse da política estadual de saneamento, tais como: a) produção e fornecimento de água por atacado aos municípios; b) interceptação e tratamento de esgotos por meio de sistemas integrados; c) execução do tratamento e disposição de resíduos sólidos ou gasosos; d) coordenação e execução de programas especiais de interesse regional e intermunicipal; e) participações em empreendimentos conjuntos; e f) atuação como concessionária municipal nas suas atividades de operação. Em síntese, as novas formas de atuação da Sabesp, como as de outras empresas estaduais, estarão relacionadas com as funções de:

- apoio técnico aos poderes reguladores estadual e municipais;
- ação associativa com os municípios em termos de operação;
- ação operacional direta ou em parceria com o setor privado, no que for de competência do nível estadual de governo.

Duas possibilidades de organização das empresas estaduais, ainda em especial a Sabesp, vêm sendo ventiladas: a) empresa *holding* de estrutura simplificada e cindida em controladora e subsidiárias; e b) empresa única, com unidades de gestão autônomas e descentralizadas. O importante é que, em função de uma nova forma de organização regionalizada, amplas possibilidades de parcerias se abrem para a sua atuação, como concessionária, no apoio e fomento, tanto de consórcios e organizações supramunicipais, quanto de soluções associativas para investimentos de baixo custo, como mutirões e condomínios. Os municípios, na condição de poder concedente, deverão buscar definições contratuais mais claras com suas concessionárias e qualificar-se para exercer as funções de poder regulador e gestor de contratos de concessão.

Um dos aspectos mais importantes da reestruturação do setor de saneamento e da Sabesp está ligado, sem dúvida, ao fortalecimento do usuário/consumidor, como o destinatário final dos serviços. Para isto, é necessária a montagem de sistemas de controle de qualidade, fiscalização, informação e monitorização de resultados, que atendam o interesse desse ente até aqui tratado pelas empresas estaduais abstratamente como "demanda": o usuário/consumidor. Por outro lado, cabe notar que a descentralização conduzida de forma desordenada poderá induzir a uma fragmentação perigosa do setor. Na verdade, se não houver uma estratégia que coloque a sociedade diante das suas reais necessidades de saneamento, definindo claramente, em conseqüência, um conjunto de prioridades no médio e longo prazos para suprir as carências, corre-se o risco da desagregação da própria administração pública. Como uma das funções indelegáveis do Estado é a de planejar e programar os investimentos nos sistemas de serviços públicos, além de colocar a sociedade diante das suas reais necessidades em função de diagnósticos e estudos aprofundados, torna-se importante recuperar a capacidade de elaborar políticas, planos e programas de médio e longo prazos. Isto significa separar claramente as funções de poder regulador e de entidade operacional, que se tornaram promíscuas com a forte centralização exercida pelas empresas estaduais.

Todas as concepções de descentralização, inclusive de participação privada no setor de saneamento, estarão subordinadas, sem dúvida, à identificação mais ampla das carências e à definição dos investimentos necessários. Neste sentido, as concessões para exploração dos serviços não podem se realizar de forma predatória, mas sim como um meio de ampliar as bases de atendimento e de melhoria de qualidade. O planejamento que dará suporte a esse processo não terá mais o sentido impositivo, autoritário, centralizador e unilateral do passado, mas será a conseqüência da mobilização mais ampla da sociedade, servindo para traçar a rota do desenvolvimento do setor. A descentralização para municípios ou para o setor privado passará, nesse contexto, a ser um instrumento de execução de uma política estadual de saneamento.

Os municípios de porte médio (e muitos de grande porte) foram favorecidos pela Constituição de 1988 e pela reforma tributária decorrente, tendo disponibilidade relativa de recursos para conduzir programas de interesse social. O setor privado, por sua vez, está capitalizado, com interesse de atuar no setor de saneamento e possui mecanismos de captação de recursos para aplicação no longo prazo no âmbito do conceito de *Project Finance* (fundos de pensão, de seguradoras, títulos mobiliários e recursos externos, por exemplo). Dentro de uma estratégia mais abrangente para o setor, municípios e iniciativa privada devem assumir tarefas no âmbito de um conjunto de prioridades definidas pelo poder público estadual. Cabe a este, por meio de formas de "indução administrativa", orientar investimentos de terceiros no quadro das prioridades voltadas para os reais interesses do usuário/consumidor. Não se pode esquecer, por fim, que um grande número de municípios pobres continuará a depender fundamentalmente de transferências estaduais para implementar os seus projetos de saneamento.

(O Estado de S. Paulo, 18 de junho de 1998)

Tecnologia, a retomada do desenvolvimento

Em seminário sobre a questão tecnológica e a retomada do desenvolvimento, iniciativa da Secretaria de Desenvolvimento Tecnológico do Ministério da Ciência e Tecnologia, chegou-se a um conjunto importante de conclusões. Considerando, de início, que a economia brasileira passa por profundas transformações estruturais, em grande parte como conseqüência dos processos de estabilização e abertura, têm sido marcantes os aumentos dos níveis de produtividade e a melhoria de qualidade dos nossos produtos industriais. Nesse sentido, a estabilização e, principalmente, a abertura têm sido fatores decisivos na promoção do desenvolvimento tecnológico nas empresas.

Está ocorrendo, sem dúvida, um processo de aumento de gastos privados em pesquisa e desenvolvimento, muito embora não se tenha uma idéia muito clara da extensão e profundidade do mesmo. Na verdade, o *output* tecnológico ainda é muito baixo no Brasil, mesmo quando comparado ao de países de desenvolvimento industrial mais recente. Historicamente, a tradição brasileira tem sido a de investir mais em tecnologia de produção e muito menos em inovações, o que explica a posição desfavorável do Brasil em matéria de patentes. Note-se que está ocorrendo uma mudança profunda no processo de produção e comercialização da tecnologia. Nos anos 90, já não é mais interessante a simples compra de tecnologias disponíveis (em especial as inovadoras) por pacotes, uma vez que se abrem maiores oportunidades para as parcerias e associações visando ao desenvolvimento conjunto. Nesse sentido, a capacidade tecnológica do País é vital para participar desse processo em escala mundial.

Por outro lado, torna-se essencial a explicitação de estratégias de desenvolvimento tecnológico na formulação de políticas industriais. Os movimentos de incorporação de tecnologias externas deverão ser considerados no quadro de globalização e abertura comercial. Mas como implementar as estratégias e políticas públicas? Na medida em que se descentraliza o desenvolvimento, aumentam as oportunidades de descoberta de vocações regionais, as possibilidades de financiamento de longo prazo e a atração de *venture capital*. Ainda sofremos, porém, a ausência de um sólido elo financeiro entre os centros de pesquisa e o setor produtivo.

A globalização é decorrência das aproximações dos mercados financeiros e da intensificação dos fluxos de recursos para investimentos diretos ou *offshore*, das novas cadeias de produção e das logísticas de abastecimento e escoamento, mas, sobretudo, do desenvolvimento tecnológico, principalmente nas tecnologias de informação. Na verdade, o avanço da ciência e da tecnologia transformou radicalmente o mercado mundial em termos de produção e consumo, uma vez que o desenvolvimento tecnológico vem determinando as vantagens competitivas no comércio mundial. O diferencial de conhecimento, portanto, é decisivo e nisso o Brasil ainda investe pouco e mal, por uma série de razões: I) o isolamento dos centros de pesquisas; II) a desarticulação e a inconsistência de objetivos e políticas; III) o baixo rendimento dos recursos aplicados; IV) a falta de coordenação das fontes de recursos; V) a ausência de uma estratégia abrangente e de um modelo regulador.

Diante da globalização, é preocupante a exportação crescente de básicos e a redução dos semimanufaturados e manufaturados, Nossas exportações representam 6,4% do PIB e as importações, 7,2%. Participamos em apenas 0,91% das exportações e 0,98% das importações mundiais. Perdemos nas tecnologias de marketing, métodos, produtos e desenho industrial. Num mundo que não é mais o das vantagens comparativas, corremos o risco de ficar à margem das grandes correntes do comércio internacional. Mesmo considerando a posição destacada que temos na produção agrícola mundial, como exportadores temos pouca expressão. Deficiências nas infraestruturas e inadequação das políticas públicas dificultam a transformação de vantagens comparativas em vantagens competitivas para os produtos agrícolas. Há necessidade de investimentos maciços em ciência e tecnologia na agricultura e no agribusiness.

Considerando-se o interesse e a disposição do empresariado em investir em ciência e, sobretudo, em tecnologia, deve-se atentar, todavia, para a nossa realidade. A Lei 8.661/93 para todos os setores industriais e agrícolas, com abatimento de até 8% do Imposto de Renda líquido devido (quase R$ 2 bilhões de investimentos acumulados), ainda concentra as aplicações no Sudeste e, principalmente, em São Paulo. Favorece, ainda, as grande empresas, não atingindo as pequenas e médias. É importante, portanto, disseminar o processo tecnológico, criando novas formas de incentivo e financiamento. É também necessário induzir as empresas multinacionais a fazer parte do seu trabalho de pesquisa e desenvolvimento no Brasil.

Apesar das dificuldades apontadas, houve um grande avanço institucional com a reestruturação do Conselho Nacional de Ciência e Tecnologia, comandado diretamente pelo presidente da República. Os objetivos do governo federal tornaram-se mais ambiciosos, pretendendo-se aumentar as aplicações no setor em até 1,8% do PIB, com maior participação privada e aplicações mais seletivas. Projetos como o dos centros de excelência na produção e exportação de software (Softex), com apoio do BNDES, e o de geração, difusão e utilização do conhecimento da Finep são importantes na estratégia governamental. Constitui, também, um avanço a mudança de paradigma no III PADCT, em negociação com o Banco Mundial, que dará maior ênfase à tecnologia.

Auspiciosa, também, é a busca de novas formas de gestão e regionalização do esforço de desenvolvimento tecnológico. O modelo do Rio Grande do Sul, por exemplo, implica o gerenciamento e a articulação da política estadual em dezesseis pólos tecnológicos. Por outro lado, a experiência do Sebrae na formação de jovens empresários e a criação de Empresas de Participação Comunitária representam um passo importante para a mudança cultural.

O importante daqui para a frente é a ênfase na capacitação da população, criação de estímulos e incentivos de caráter mais permanente e a ampliação dos mecanismos de financiamento para a ciência e a tecnologia.

(Gazeta Mercantil, 30 de julho de 1997)

Saneamento ambiental e a retomada do desenvolvimento

Em seminário sobre o saneamento ambiental e a retomada do desenvolvimento promovido pela Sabesp e a FIPE, que tive a oportunidade de coordenar, ficou patente a necessidade de se considerar esse setor como prioritário para efeito de políticas governamentais e de possibilidades de parcerias público-privadas. O saneamento deve agregar-se a uma estratégia (a qual, diga-se de passagem, o País necessita urgentemente) de estimular os investimentos nas infra-estruturas para gerar empregos, ampliar mercados, reduzir desequilíbrios sociais e promover aumentos de produtividade. Por outro lado, como serviço público essencial, suas deficiências e carências refletem o dramático quadro de distribuição de renda e, ao contrário dos bens de consumo privado, não se pode estabelecer "ilhas" de proteção às classes mais privilegiadas, até porque a disponibilidade do serviço não garante necessariamente sua qualidade do ponto de vista da saúde pública. Assim, o chamado "cordão sanitário" tem seus limites, em virtude da veiculação de doenças, da degradação ambiental e, mesmo, da possibilidade de exaustão dos recursos hídricos.

Ficou clara, também, a necessidade de uma abordagem mais integrada dos diversos componentes da questão sanitária e ambiental, envolvendo ações mais coordenadas na provisão e tratamento de água e esgoto, a drenagem urbana, a coleta e tratamento dos resíduos sólidos, a gestão integrada dos recursos hídricos, a saúde pública nos seus aspectos preventivos e a preservação ambiental.

O setor de saneamento passa, sem dúvida, por transformações que buscam superar o modelo anterior, mas muitos problemas ainda esperam por soluções de maior envergadura: i) os desequilíbrios na distribuição regional do atendimento de água e esgotos; ii) os índices elevados de perda das empresas estatais; iii) o peso excessivo dos custos de pessoal nessas empresas; e iv) a baixa produtividade do fator trabalho. Há, ainda, o desafio de superar o déficit no atendimento de esgotamento sanitário (cobertura atual para apenas 31% da população total e 40% da urbana) e de abastecimento de água potável (cobertura para 63% da população total e 84% da urbana), que envolve um volume de recursos para investimento estimado em R$ 40 bilhões, ou seja, R$ 30 bilhões acima do que o governo federal programou despender até 1999. Daí a necessidade de se encontrar mecanismos alternativos de captação de recursos e de regulação, para atrair capitais privados.

Não se pode afirmar que o modelo centralizador do Planasa esteja sendo substituído por outro com características descentralizadoras e de caráter municipalista na sua essência. Na verdade, está ocorrendo uma multiplicidade de formas de gestão do saneamento, que abrange concessões plenas (Limeira), concessões parciais (Ribeirão Preto), concessões por BOT (Sabesp), descentralização regional (Sabesp) e formação de consórcios ou empresas por bacias hidrográficas (Piracicaba). Observa-se, também, maior atenção relativamente a questões que somente agora começam a ser aprofundadas: i) a separação, nas empresas estatais, da condição de concessionárias das funções programáticas e de regulação; ii) a valorização dos direitos de cidadania e a defesa do usuário/consumidor; iii) a valorização das associações de consumidores; e iv) a concepção dos entes reguladores com participação e controle social. A função principal desses entes é a de defender a sociedade dos riscos de situações de monopólio e cartelização, que podem ocorrer na prestação de serviços públicos essenciais.

A questão da participação de capitais privados no setor de saneamento desperta ainda reações emocionais por parte de muitos técnicos. Mas a verdade é que, mesmo com operadores públicos, não se produziu a tão almejada eqüidade na provisão dos serviços. No modelo de exclusividade estatal não se garantiu nem a melhor distribuição social dos investimentos, nem a regulação eficiente e sustentável. É claro que, em se tratando de um serviço público essencial, é necessário o exercício do controle público (governo e sociedade) para garantir maior cobertura e eqüidade. Mas, num contexto de escassez de capital, a participação privada por meio de concessões é desejável, desde que haja instâncias e mecanismos de regulação eficazes para mediar os interesses do poder concedente, do concessionário e do usuário/consumidor.

No que diz respeito a novas formas de financiamento, as perspectivas abriram-se de forma surpreendente para um setor tradicionalmente habituado a basear seus programes e projetos em recursos públicos. Foi apresentado e discutido um amplo leque de possibilidades em termos da diversificação de fontes de recursos: i) o lançamento de títulos nos mercados de valores do País e do exterior; ii) o apoio das entidades nacionais e internacionais de fomento; iii) a implementação de modelos BOT e suas variantes; iv) o financiamento de longo prazo para máquinas e equipamentos; v) os recursos dos fundos de pensão e a securitização de recebíveis; e vi) a possibilidade de cobertura parcial com recursos a fundo perdido para projetos de interesse público, sem perspectiva de remuneração. Ficou claro, todavia, que a disponibilidade de recursos – públicos e privados – é limitada em relação à magnitude das necessidades, o que implica uma complexa rede de requisitos e conhecimento técnico por parte das entidades financiadoras. O poder público deve ser, sem dúvida, o indutor do desenvolvimento e reestruturar-se para regular e fiscalizar um sistema multifacetado em termos de gestão.

Por fim, pode-se considerar um grande avanço a maior capacidade de coordenação de programas e ações executivas por parte do governo federal, em termos da definição de uma política nacional, assim como da busca da universalização e da eficiência dos serviços. São fatos auspiciosos, por exemplo, a disposição da CEF em prestar assistência técnica e financeira ao poder concedente, supervisionar editais e conceder apoio financeiro aos concessionários privados, assim como a do BNDES em considerar o saneamento na sua carteira de empréstimos de longo prazo. Resta, todavia, um longo caminho a percorrer para: i) melhorar a eficácia das parcerias; ii) viabilizar estratégias inovadoras de financiamento; iii) implementar programas consistentes de investimentos; iv) operar com regimes tarifários realistas; e v) consolidar mecanismos eficientes de regulação.

(O Estado de S. Paulo, 6 de fevereiro de 1997)

Novas fronteiras econômicas

Em poucos países foram tão significativas e rápidas as mutações nos processos de ocupação territorial como aquelas ocorridas no Brasil nas cinco últimas décadas. Neste sentido, nosso país inclui-se no grupo restrito dos países de "fronteiras internas abertas", tanto pela dimensão do seu território, como pela mobilidade espacial da população. Se houve, de um lado, uma destinação maciça de contingentes migratórios oriundos do campo para as regiões metropolitanas e grandes cidades, houve, também, o deslocamento de populações rurais dos mais diversos pontos do País para as chamadas Novas Fronteiras Econômicas. Trata-se das regiões onde, principalmente nas duas últimas décadas, realizou-se um grande avanço na agricultura e agroindústria, por meio de formas modernas de organização e produção. Esse fenômeno de estruturação espacial, todavia, foi menos estudado e é menos conhecido que o das migrações rurais para as metrópoles ou mesmo o das cidades menores para os centros urbanos de porte médio.

Note-se que o avanço das Novas Fronteiras superou as restrições impostas pela recessão econômica prolongada dos anos 80, através de um esforço contínuo de empresários e trabalhadores, que não dependeu, via de regra, de planos ou iniciativas governamentais. Houve um crescimento significativo da produção física, geraram-se, direta e indiretamente, milhares de empregos e fez-se a prosperidade de centenas de cidades médias e pequenas. As infra-estruturas de apoio, porém, não acompanharam esse crescimento. As atividades de produzir, armazenar e escoar a produção implicaram, assim, encarecimento desnecessário, onerando o consumo interno de alimentos básicos e reduzindo a competitividade das exportações.

O colapso dos mecanismos convencionais de financiamento das infra-estruturas – tanto em termos de novos investimentos, quanto de melhorias e manutenção das existentes –, além da paralisia governamental no que diz respeito a planos e políticas públicas de médio e longo prazos, colocam as Novas Fronteiras diante de um quadro de carências e de um futuro incerto.

Não há dúvida de que é inadiável a provisão de um complexo de infra-estruturas integradas, com o objetivo de aumentar a produtividade e melhorar as condições de escoamento da produção. Mas como atingir tal objetivo, se a disponibilidade de recursos públicos é restrita e se as políticas públicas continuam a contemplar o curto prazo, com ênfase quase total nas ações voltadas para a estabilidade monetária?

O caminho possível passa, primeiramente, pela racionalização das aplicações dos recursos públicos, por meio da implementação de programas que integrem as ações dos três níveis de governo, valorizando da forma mais elevada o espírito federativo. Em seguida, pelo envolvimento da iniciativa privada em programas conjuntos de melhorias e novos investimentos, por meio de parcerias confiáveis e duradouras. Trata-se de programas que englobarão desde providências simples ou pequenas obras que garantam melhorias operacionais imediatas, até a execução de projetos de grande porte, estruturadores do processo de ocupação territorial. A perspectiva básica dessa concepção é, antes de tudo, a da complementaridade entre as ações de planejamento, de fixação de prioridades e de execução de projetos, por parte da União, Estados e Municípios. Além disso, a iniciativa privada prestará a sua colaboração naquelas atividades em que pode – e deve – suplementar ou substituir a ação governamental direta.

Devem fazer parte dos programas de apoio infra-estrutural para as Novas Fronteiras os seguintes módulos, objeto de ações coordenadas entre níveis de governo e entre estes e a iniciativa privada: a) sistemas de armazenagem na origem; b) sistemas de estradas vicinais; c) rodovias estaduais secundárias e principais; d) rodovias federais; e) troncos ou ramais ferroviários; f) vias navegáveis ou passíveis de navegação futura; g) sistemas de ensilagem e transferência; h) instalações portuárias; i) sistemas de eletrificação rural; j) sistemas de telecomunicações; l) sistemas de irrigação; e m) sistemas de saneamento ambiental e saúde pública. É ambicioso pensar num mínimo de coordenação de projetos e ações executivas na escala proposta? Depende da mentalidade e do horizonte dos homens públicos e agentes privados envolvidos de alguma forma no processo de consolidação das Novas Fronteiras Econômicas. Na verdade, se "tudo vale a pena quando a alma não é pequena", trata-se de dotar o País de uma estratégia de ocupação territorial compatível com a sua dimensão continental, o potencial do mercado interno e as ambições de desenvolvimento futuro. As três fronteiras prioritárias, em estágios diversos de consolidação, são as seguintes:

a) *Sudeste/Nordeste*: abrangendo o Noroeste e Norte de Minas, Oeste da Bahia, Oeste de Pernambuco, Sul do Ceará e do Piauí, com grande potencial na produção de soja, milho, arroz, feijão e frutas;

b) *Centro-Oeste/Norte*: abrangendo Goiás, Mato Grosso, Pará, Tocantins, Sul e Oeste do Maranhão, com grande avanço nas produções de soja, milho, arroz e feijão;

c) *Centro-Oeste/Noroeste*: abrangendo Mato Grosso do Sul, Mato Grosso, Rondônia e Acre, com elevada produção de soja, milho e grãos em geral.

Se a Reforma Agrária é uma equação não resolvida da história econômica brasileira e se os efeitos perversos da nossa estrutura fundiária geraram, em grande parte, os fluxos migratórios para as Novas Fronteiras, não se pode hoje pretender resolver o passivo agrário sem uma política inovadora e coordenada para essas regiões. Elas estão mostrando a vitalidade de um povo que, apesar dos obstáculos impostos pela ausência de estratégias e políticas públicas, tem vontade de progredir. Vale a pena lhes dar mais atenção.

(O Estado de S. Paulo, 8 de novembro de 1995)

Parte 4

Logística e Transporte

Transporte aéreo: da cacofonia para a harmonia?

Não se pode dizer que a crise que atinge o transporte aéreo brasileiro nos seus diversos aspectos não tenha decorrido, em parte, da retração mundial desse setor após os trágicos eventos do 11 de setembro. Mas não se pode negar, por outro lado, que há pelo menos uma década ela ampliou-se perigosamente devido ao entrelaçamento – numa dinâmica perversa – de graves problemas de ordem estrutural. As deficiências operacionais nos aeroportos e nos controles de segurança de vôo, formas ultrapassadas e ineficazes de regulação, assim como o quadro de insolvência das empresas aéreas, são os sintomas mais evidentes de um processo contínuo de degradação. A crise que atinge o transporte aéreo impõe, portanto, a necessidade urgente de mudanças estruturais: i) nos arcabouços legal e institucional; ii) nos mecanismos de regulação; iii) nas formas de relacionamento entre os agentes envolvidos; e iv) nos quadros organizacionais e operacionais das empresas aéreas. Impõe, ainda, a necessidade de mudanças de paradigma e de enfoque quanto ao papel do transporte aéreo como fator de desenvolvimento, num novo ciclo em que a economia brasileira se tornará mais aberta e competitiva.

O Ministério da Defesa e o Comando da Aeronáutica vêm implementando um esforço sistematizado e consistente visando contemplar o transporte aéreo com uma definição de estratégias de desenvolvimento, formulação de políticas públicas e planejamento de longo prazo. Busca-se a reestruturação administrativa e operacional do Ministério e do Comando, para fazer frente aos novos desafios, assim como parcerias e fontes alternativas de financiamento para os investimentos, diante da escassez de recursos públicos. Por outro lado, voltando-se para um planejamento cooperativo com Estados, tenta-se resgatar um espírito federalista que se perdeu no tempo. Esse esforço esbarra, no entanto, com uma crise maior: a da desestruturação do Estado brasileiro. Por isto, a complexidade e amplitude da crise impõem uma reflexão mais abrangente para definir, de forma duradoura, o futuro do Sistema Nacional de Transporte Aéreo. A superação da crise exige uma abordagem integrada dos diversos segmentos que o compõem: i) infra-estrutura aeroportuária; ii) controle do espaço aéreo e proteção ao vôo; iii) aviação comercial; e iv) indústria aeronáutica. Importante, também, é a forte vinculação e dependência do transporte aéreo com o desenvolvimento tecnológico, a moderna gestão empresarial e a qualificação contínua dos recursos humanos.

Equívocos foram cometidos ao longo dos anos 90, como, por exemplo, a abertura descomedida do mercado nacional e a flexibilização da regulação sem uma estratégia clara da inserção das empresas aéreas na evolução do mercado. É chegado o momento, portanto, de pensar o futuro com uma visão coordenada dos seus segmentos, superando a postura de cada um olhar para o seu próprio umbigo. Começando pela implementação de mecanismos institucionais, jurídicos, financeiros e de gestão que garantam, no longo prazo, o suporte da integração entre o poder público, o setor privado e a sociedade para o desenvolvimento do Sistema Nacional de Transporte Aéreo. Importante, também, é entender a regulação num ambiente crescentemente competitivo, conciliando a condição de serviço público concedido com a de atividade econômica regulada, em grande medida, pela dinâmica do mercado. No âmbito da regulação, deve-se buscar, ainda, o melhor relacionamento entre os agentes envolvidos, a geração de um ambiente de maior estabilidade nas ações governamentais, como também a instituição de mecanismos de controle preventivo de conflitos de interesses.

Para a expansão da infra-estrutura aeroportuária e dos sistemas de proteção ao vôo, é crucial a implementação de mecanismos de financiamento sustentado no longo prazo para os investimentos. Para a aviação comercial, seria interessante que a indústria nacional de aeronaves e equipamentos pudesse dispor de linhas de crédito que a colocasse em condições de igualdade com fornecedores externos. Para as empresas aéreas, seria bem-vinda a racionalização dos fatores exógenos que oneram – muitas vezes de forma abusiva – os custos do transporte aéreo: tributos, encargos, taxas e tarifas aeroportuárias. Não se pode deixar de rever em profundidade os acordos bilaterais, assim como proceder ao alargamento das margens de manobra nas negociações futuras, em função do grande potencial do mercado nacional. Cumpre avaliar, também, as possibilidades que se abrem com o progressivo avanço do Mercosul e da integração sul-americana, considerada a posição de liderança da nossa aviação comercial no continente.

Em favor dos usuários, é de todo desejável a melhoria da segurança, eficiência e qualidade dos serviços, por meio da incorporação mais efetiva do conhecimento e da capacitação acumulada pelo governo e setor privado. Por fim, em tempos de baixa auto-estima imposta pela estagnação da economia, convém valorizar a engenharia nacional, detentora de conhecimento e experiência na construção e operação da infra-estrutura aeroportuária, nos sistemas de segurança e proteção ao vôo e na fabricação de aeronaves e componentes.

O bom encaminhamento das questões apontadas pode transformar uma peça musical em que predomina a cacofonia – desagradável aos nossos ouvidos – numa bela sinfonia de sonoridade harmônica. Mas isso dependerá, em grande parte, de um trabalho sistemático voltado para: i) a conscientização do governo, empresariado e sociedade quanto aos seus papéis na evolução futura do Sistema Nacional de Transporte Aéreo; e ii) a confiança e credibilidade das partes envolvidas no diálogo do setor empresarial com as autoridades governamentais.

(O Estado de S. Paulo, 16 de fevereiro de 2004)

Competitividade: o inferno são os outros?

Quando nos defrontamos com as dificuldades que tem o Brasil em ampliar o poder de competição das suas exportações, atribuímos ao protecionismo dos outros o fechamento das portas para a expansão do nosso comércio. Claro que isto é verdadeiro no que se refere a muitos produtos agrícolas e industriais em que somos competitivos. Deparamos com barreiras protecionistas impostas pelos Estados Unidos e União Européia, que nos dizem continuamente *"façam o que digo, mas não façam o que faço"*. Mas há, também, um grande exagero nessa nossa postura existencial sartreana de que *"o inferno são os outros"*. Na verdade, uma grande parte desse inferno está em nós mesmos. Na nossa incapacidade de eliminar – ou, ao menos, atenuar – os gargalos que encarecem as logísticas das exportações. Nosso poder de competição se reduz significativamente com os custos elevados do transporte, a falta de sistemas de armazenamento, estocagem e transbordo, a degradação das infra-estruturas em geral e a burocracia (esta, infernal no sentido lato) que aniquila iniciativas e capacidade empresarial. Para não falar do peso e irracionalidade da carga tributária.

O crescente empenho em delinear políticas de competitividade das exportações e de segurança alimentar abre uma janela que pode, pelo menos, arejar e iluminar um pouco esse inferno. Saber que exportações não se diversificam e não agregam valor aos produtos apenas pelo estímulo da taxa de câmbio é um grande avanço. Da mesma forma que não se garante a chamada segurança alimentar com programas assistencialistas do tipo *"Fome Zero"*. Talvez o próprio Sartre, deparando com a complexidade dessas questões, diria em bom francês que *"le trou est plus en bas"*. Tanto as logísticas de escoamento e distribuição de safras e alimentos, quanto aquelas dos principais produtos de exportação, necessitam da remoção dos gargalos que as oneram. Distorções gritantes nas matrizes de transportes e energia impedem que haja reduções de custos e estímulos efetivos para que as exportações se diversifiquem.

Tomando o caso dos transportes, as distorções acumuladas historicamente e as elevações de custos decorrem da conjugação de diversos fatores. Primeiramente, o uso intensivo do modal rodoviário, associado ao estado de avançada degradação da infra-estrutura não concedida, que constitui o grosso da malha de rodovias. Em seguida, a extinção quase total da navegação de cabotagem, hoje reduzida a um pequeno número de mercadorias, e a pouca expressão da navegação fluvial. Some-se, ainda, o estado precário das ferrovias, além do óbvio desinteresse das concessionárias na captura de outras cargas que não sejam aquelas que constituem o núcleo das atividades dos seus acionistas. Finalmente, e talvez o mais importante, as deficiências dos portos, os custos elevados das operações e a burocracia absurda que faria Kafka, se a conhecesse, sentir-se modesto em relação ao que escreveu. Mas há muito mais mistérios entre a competitividade e o transporte do que nossa vã imaginação pode alcançar.

É aí que entra a misteriosa palavra *"logística"*, muito cara ao eminente Eliezer Batista. Infelizmente, essa palavra passou a ser usada de maneira superficial e, mesmo, leviana. Na sua origem grega, era a denominação dada à parte da aritmética concernente às quatro operações e, filosoficamente, o conjunto de sistemas de algoritmos aplicado à lógica. Modernamente, a palavra adquiriu, na arte da guerra, o sentido de planejamento e realização de projeto, desenvolvimento técnico, obtenção, armazenamento, transporte, distribuição, reparação, manutenção e evacuação de material (para fins operativos ou administrativos). Ou seja, traduzindo para as exportações e a segurança alimentar, trata-se de reduzir custos que as oneram por gargalos físicos, ineficiências operacionais, obstáculos institucionais/legais e burocracia em cada uma das etapas do escoamento e distribuição. Etapas que vão desde a estocagem na origem até o apoio dos sistemas de comunicação e informática.

Não se pode esquecer, por outro lado, que ações coordenadas de governo e parcerias público-privadas, voltadas para o aperfeiçoamento das logísticas e eliminação dos gargalos, terão profundas conseqüências sobre a indústria de equipamentos e o nível de emprego. Isto porque a degradação das infra-estruturas induziu à atrofia das atividades industriais e de serviços de suporte à função logística. O mercado "encolheu" e reduziu-se drasticamente o nível de emprego. Por mais de uma década, não se ampliou a rede de armazéns e silos, não se adquiriram locomotivas, vagões, materiais de via permanente e equipamentos portuários. As conquistas da telemática não foram difundidas em muitos segmentos de distribuição e abastecimento, aumentando o desequilíbrio entre aqueles que incorporaram tecnologias de ponta e os que se mantiveram presos a métodos primitivos, como é comum no modal rodoviário.

Uma política inteligente e coordenada para as infra-estruturas poderá dar ao crescimento uma conotação de grande *"espetáculo"*. Isso se levar à redução tanto dos custos e perdas resultantes da inadequação dos sistemas de coleta, estocagem e transbordo, como dos tempos e custos de imobilização das cargas em trânsito. E também se permitir a redução dos custos de comercialização – pela racionalização dos fluxos –, dos custos operacionais dos veículos e terminais, assim como dos tempos de espera. O espetáculo se completaria com a racionalização das logísticas pela intensificação do uso do transporte multimodal e ampliação da participação privada no futuro desenvolvimento das infra-estruturas, por meio de mecanismos inovadores de Parcerias Público-Privadas. Criar novos mercados e oportunidades de negócios, fornecimentos e empregos será uma garantia para que o *"espetáculo"* não vire uma representação mambembe.

(O Estado de S. Paulo, 20 de novembro de 2003)

Energia e transporte: a propósito da guerra

É do senso comum que temos uma forte dependência do modal rodoviário para a movimentação de cargas e pessoas. Excluído o minério de ferro, mais de 70% das cargas são transportadas anualmente por caminhões e 95% do movimento de pessoas são feitos em viagens por ônibus e automóveis.

Esse desequilíbrio na matriz de transportes tem raízes históricas e condicionantes estruturais, que dificultam mudanças no médio prazo. Mas trata-se de uma distorção que repercute na matriz energética, em razão da elevada concentração do consumo de derivados de petróleo na função transporte.

Assim, cerca de 40% do consumo total de energia do País é representado pelo petróleo, como fonte primária não renovável. Por outro lado, 50% do consumo dos derivados de petróleo se destina ao transporte, sendo que o óleo diesel e a gasolina representam nada menos que 18% do consumo total das fontes secundárias de energia.

A complexidade dessa questão exige, há décadas, a formulação de políticas públicas abrangentes e de longo prazo, integrando os setores de transportes e energia. No entanto, isso nunca aconteceu, excetuados os breves períodos que sucederam os dois mais importantes "choques" do petróleo (1973 e 1979), quando se buscou uma coordenação de medidas de emergência e uma articulação entre as matrizes de energia e transportes.

Uma das reações mais bem-sucedidas à crise do petróleo, na época, foi o programa do álcool, que mostrou a nossa capacidade de gerar uma tecnologia inovadora e reduzir a dependência das importações de petróleo. Mas, nos anos 90, o álcool deixou de ser prioritário e a sua utilização estiolou-se. Como fonte secundária de energia o consumo de álcool (seja o anidro, misturado à gasolina, ou o hidratado, como combustível) representa hoje menos que 3% do total.

É bem verdade que, nestes últimos 20 anos, a dependência das im-

JOSEF BARAT

portações reduziu-se consideravelmente. Em 1980, importávamos 60% das nossas necessidades de petróleo bruto e hoje essa proporção situa-se em cerca de 20%. Mas a realidade é que continuamos dependentes do petróleo importado – que onera nossa balança comercial em 3,3 bilhões de dólares – e de combustíveis, principalmente do óleo diesel (base do nosso transporte), que nos oneram em cerca de US$ 1,2 bilhão. Importamos cerca de 100 mil barris/dia de diesel, uma vez que a capacidade de refino não atende ao consumo.

Claro que do ponto de vista da balança comercial, reduzimos em muito a nossa dependência externa, pois exportamos produtos brutos e refinados, especialmente gasolina, no valor de 2,7 bilhões de dólares. Mas considerando as importações de petróleo e produtos refinados, nosso déficit anual é bastante elevado: cerca de 2 bilhões de dólares.

Do último "choque" do petróleo para cá, tivemos as guerras entre o Iraque e Irã, assim como a do Golfo, além da permanente instabilidade do Oriente Médio. Nossas fontes principais de abastecimento se diversificaram, mas continuamos dependentes das instabilidades nos preços do barril de óleo bruto e de alguns países daquela região. Os preços oscilaram, nos anos 90, entre 15 e 20 dólares, atingindo recentemente a marca dos 38 dólares, a mais alta desde a guerra do Golfo, e recuando para próximo dos 30. A guerra, portanto, nos afetou para muito além dos efeitos de uma crise financeira. Mas, por outro lado, a guerra uma vez mais nos abriu a oportunidade para repensar a necessidade de estratégias e políticas públicas de longo prazo que permitam reduzir os desequilíbrios nas matrizes de transporte e energia.

Do lado do transporte, com a dependência desproporcional do transporte rodoviário, tivemos, por duas décadas, a sistemática degradação física das infra-estruturas viárias e a queda significativa da qualidade dos serviços. Essa degradação vem acarretando estrangulamentos na oferta do transporte, o que aumenta desnecessariamente o consumo de diesel, além de onerar as atividades econômicas e o abastecimento interno. E continuamos, dessa forma, a pressionar as importações e aumentar a incidência do chamado "custo Brasil", principalmente no que diz respeito às exportações.

Do ponto de vista da matriz energética, obviamente a substituição do diesel é muito difícil, pelo predomínio do modal rodoviário na circulação de cargas. Alternativas estão sendo pesquisadas com óleos de origem vegetal – com características do diesel –, para serem usados sem necessidade de adaptações nos motores, como vem fazendo, por exemplo, o IEE da Unicamp. Mas o que surpreende é a completa ausência de planos e programas que visem – no âmbito de uma política conjunta dos Ministérios dos Transportes e das Minas e Energia – substituir ou racionalizar o uso de derivados do petróleo. Além disso, não dispomos de estratégias para substituir gradualmente o transporte rodoviário de cargas passíveis de granelização ou unificação em contêineres e pranchas pela cabotagem, navegação interior ou ferrovia. Sabe-se que portos modernos e eficientes, assim como terminais intermodais, constituem a chave desse processo de substituição no transporte. E o diesel poderá ser utilizado com mais eficiência, aliviando a distorção na matriz energética.

Ao integrar as políticas de energia e transporte, alguns absurdos certamente virão à tona. Como, por exemplo, o dispensável ônus que recai sobre o transporte metropolitano eletrificado sobre trilhos, por consumir energia elétrica nos períodos de ponta, o que é funcionalmente a sua razão de ser. Ou o fato de se fazer o transporte de alimentos congelados por caminhões em distâncias de 3 a 4 mil quilômetros entre cidades litorâneas, quando essas cargas poderiam embarcar em contêineres frigorificados pela cabotagem. Pequenos núcleos de inteligência poderiam ser mobilizados para enfrentar os efeitos da guerra, oferecendo soluções consistentes e de longo prazo, num esforço para romper a camisa-de-força das ações monetaristas de curto prazo.

No mais, como afirma Millôr, "livre pensar é só pensar". Além de uma mensagem libertária, essa é uma advertência para o embotamento da capacidade de pensar no futuro do Brasil.

(Valor Econômico, 7 de maio de 2003)

Aviação comercial: uma crise anunciada

Vista numa perspectiva de longo prazo, a profunda crise estrutural que atinge a aviação comercial brasileira transcende aos impactos do 11 de setembro. Sem querer minimizá-los, os anos 90 foram marcados por turbulências que atingiram o setor como um todo.

Já se tornou lugar-comum referir-se ao dinamismo e crescente competitividade dos mercados, que induzem o transporte aéreo, em todo o mundo, a incorporar tecnologias de ponta geradas nas mais variadas áreas do conhecimento. Ou seja, as empresas aéreas investem cada vez mais pesadamente para enfrentar a competição. Mas, por outro lado, na condição de um serviço regulado, elas estão sujeitas a controles, mais ou menos rígidos, por parte do poder público, que podem incentivar ou tolher iniciativas.

No Brasil, a evolução tecnológica e organizacional da aviação comercial resultou de um esforço conjunto do governo e da iniciativa privada, criando um sistema de grande complexidade. Houve a contínua modernização das infra-estruturas aeroportuárias, dos sistemas de segurança e proteção ao vôo, das frotas, tendo o País atingido, também, o estágio de produção de aeronaves. No entanto, a transição da economia para um ambiente mais competitivo e globalizado provocou a ruptura de velhos paradigmas de proteção governamental, reservas de mercado e acomodação a controles burocráticos conspícuos e ineficazes. Assim, grande parte das turbulências começou com a abertura do mercado e a subseqüente flexibilização da regulação do setor, tornando-o mais competitivo.

Apesar de seguir as tendências mundiais de ganhos expressivos de eficiência, nossas empresas aéreas sempre tiveram custos elevados e baixa produtividade – se comparados às estrangeiras. Isto, devido a fatores internos (organizacionais e de gestão), de mercado (rotas com longa utilização e baixo aproveitamento) e institucionais (tributos elevados, tarifas e despesas com controles desnecessários). A verdade é que as empresas estavam despreparadas para a competição e redução de custos. A luta pela sobrevivência deu-se em duas frentes: a da competição nas tarifas e a da modernização dos equipamentos, num contexto de prolongada estagnação da economia, que tornou a demanda muito vulnerável. Mercado restrito, custos operacionais elevados (aumentos abusivos do combustível, por exemplo) e endividamento em dólar para renovação e ampliação das frotas já eram elementos suficientes para anunciar uma crise estrutural no sistema de aviação. Para completar esse quadro, as desvalorizações cambiais a partir de 1999. Resultado: um endividamento das empresas aéreas em cerca de 1,4 bilhão de dólares, com a maior participação da Varig (cerca de 600 milhões).

Uma crise dessa envergadura não pode ser resolvida com o socorro às empresas individualmente, mas sim por ações estratégicas que contemplem o sistema como um todo. Impõe a necessidade urgente de mudanças estruturais: i) nos arcabouços legal e institucional; ii) nas formas de relacionamento entre os agentes envolvidos; e iii) nos quadros organizacionais e operacionais das empresas aéreas. Num ambiente cada vez mais competitivo, é importante ter presente que a regulação da aviação comercial deverá ser flexível o suficiente para conciliar a condição de serviço público concedido com a de atividade econômica regulada em grande medida pela dinâmica do mercado.

Torna-se necessário, assim, contar com políticas públicas, instrumentos de regulação, sistemas inteligentes de gestão, alianças estratégicas, operações compartilhadas, parcerias público-privadas e estímulos a uma nova dinâmica do setor. Isto, para não se cair no extremo oposto da desregulamentação desordenada, que pode levar à competição predatória e ao declínio da segurança e da qualidade dos serviços. Colocada agora na ordem do dia, a criação de uma agência reguladora moderna é fundamental para que o transporte aéreo possa apoiar um novo ciclo de desenvolvimento sustentado e contribuir para mudanças estruturais mais profundas e duradouras na economia e na sociedade.

Por outro lado, a maior abertura para a dinâmica do mercado deverá reduzir o papel da regulação econômica – prolixa e ineficaz – aos seus aspectos essenciais e em favor da regulação da segurança e qualidade dos serviços, em função do interesse dos usuários. Assim, aumentando os riscos das empresas, o processo de regulação deverá ser aberto, transparente e cooperativo, baseado na vontade de se obter o consenso entre os agentes envolvidos. Na ausência do consenso, a arbitragem será exercida pelo poder público em favor dos usuários. É necessária, nesta transição, a racionalização dos tributos, encargos, taxas e tarifas. É importante, também, que se propicie um ambiente de maior estabilidade, reduzindo os sobressaltos e mudanças repentinas de regras.

Urge um amplo esforço de mobilização da inteligência nacional (governo, empresas, especialistas, universidades e centros de pesquisa) para a remoção dos obstáculos estruturais que inibem o desenvolvimento do transporte aéreo. Neste sentido, devem ser compartilhadas responsabilidades na elaboração de um planejamento estratégico para o setor, abrangendo definições claras da missão, cenários, objetivos e diretrizes, propiciando políticas públicas e mecanismos de regulação consistentes e duradouros.

Deve-se levar em consideração, ainda, as grandes possibilidades que se abrem na América do Sul, considerada a posição de liderança da nossa aviação comercial. Finalmente, é crucial a união de todos, frente às ameaças externas, o que impõe a necessidade de revisão em profundidade dos acordos bilaterais, assim como o alargamento das margens das negociações futuras, em função do grande potencial do mercado nacional.

(Valor Econômico, 7 a 9 de fevereiro de 2003)

Transportes:
devagar quase parando

Os graves problemas que atingem os transportes têm origem em passado remoto. Os gargalos acumularam-se, sem dúvida, por imprevidência de inúmeros governos e, por duas décadas, vêm estrangulando a oferta. No que diz respeito à era FHC, porém, pode-se destacar alguns aspectos que agravaram os problemas do passado. Do ponto de vista institucional, foram desmontados por completo os núcleos de inteligência da administração pública federal ligada aos transportes. Sob o pretexto da "privatização" como solução para todos os males, retardou-se a reestruturação do Ministério dos Transportes e das organizações públicas a ele vinculadas, para as funções não delegáveis pelo Estado. As concessões foram feitas, inclusive, sem que se criasse uma agência reguladora (como ocorreu nos setores de energia, petróleo e telecomunicações). Só recentemente foram criadas duas agências (uma terrestre e outra hidroviária), na contramão dos modernos conceitos de coordenação, integração e multimodalidade. E uma reforma pífia não deu à estrutura executiva do ministério uma instância moderna de planejamento estratégico, formulação de políticas públicas e coordenação.

Do ponto de vista operacional, agravou-se de forma alarmante o processo de degradação física da malha rodoviária sob responsabilidade federal. Segundo pesquisa da CNT (Confederação Nacional dos Transportes), em cerca de 45 mil km de rodovias avaliados, quase 70% encontram-se em estado classificado como deficiente, ruim ou péssimo. Já para o Ministério dos Transportes, na avaliação de 47 mil km, 60% têm sua condição classificada como regular, má ou péssima. Divergências à parte, é óbvio que essa absurda degradação do patrimônio rodoviário do País traduz-se em elevação dos custos de operação e manutenção da frota de caminhões e veículos comerciais de carga. Aumenta, também, o número de acidentes e vítimas, onerando a sociedade com despesas de internações hospitalares e tratamentos de reabilitação, além do inaceitável custo das mortes e deficiências físicas permanentes.

JOSEF BARAT

As concessões – apontadas como solução para a falta de recursos públicos destinados à restauração das rodovias – mostraram-se de alcance muito limitado. Dos cerca de 54 mil km de rodovias federais pavimentadas, pouco mais de 4.600 – ou seja, 8,5% dessa extensão – foram concedidos, aí incluídos os cerca de 3.000 km de rodovias delegadas pela União aos Estados. Em princípio, o interesse demonstrado pelo setor privado atinge, numa visão muito otimista, mais 8.000 km. Somados à extensão já concedida, as concessões rodoviárias federais poderão perfazer, no máximo, cerca de 23% da malha viária pavimentada. Mas considerando que, excluído o minério de ferro, os caminhões são responsáveis por mais de 70% do transporte de carga, é óbvio que o estado lastimável das rodovias afeta o abastecimento interno e a competitividade das exportações. Com isso, eleva-se muito o "custo Brasil", num momento em que temos que baratear o custo dos alimentos e ampliar as exportações.

Já no caso das ferrovias, com a "privatização" de toda a malha ferroviária, a solução está virando um problema. No processo de concessões, assumiram o controle das ferrovias os grandes conglomerados que tinham, nesse modal, o meio de transporte dos seus insumos e produtos. O transporte ferroviário sempre se concentrou em um número reduzido de cargas, tais como minério de ferro, produtos siderúrgicos, cimento, carvão e grãos. Os concessionários, que eram os grandes clientes, transformaram as ferrovias em centros de custos dos seus negócios, deixando de lado a visão do transporte multimodal e da captação de cargas apropriadas ao transporte ferroviário e sua integração com o rodoviário. Para completar, os concessionários não vêm cumprindo as metas de investimentos de seus contratos.

Nos portos, a situação continua grave. A Lei dos Portos trouxe alguns benefícios, mas criou um absurdo emaranhado de instâncias decisórias. Com exceção dos terminais privativos, a situação dos portos é ainda dramática: acessos deficientes para caminhões e trens, operações com baixa produtividade e custos operacionais ainda muito elevados, quando comparados aos dos portos americanos e europeus. Além disso, a "privatização" nos portos obedeceu a uma lógica que vai na direção contrária do que ocorre em países mais desenvolvidos. Prevalece a concessão fragmentada de áreas e serviços específicos, em detrimento da gestão do todo como negócio e que visa a competir com outros portos na busca de cargas na sua região de influência. O porto moderno é, sobretudo, um promotor das exportações e um indutor do desenvolvimento regional.

Nos transportes metropolitanos, a situação é inquietante. Não é concebível que se continue a perpetuar a omissão do governo federal, não somente na formulação de políticas públicas, como também no aporte de recursos. É uma grande hipocrisia colocar nas mãos das autoridades locais a responsabilidade pela modernização e pela ampliação dos sistemas de trens e metrôs nas regiões metropolitanas. São problemas de grande complexidade, que envolvem uma política industrial relacionada com cadeias produtivas complexas para o material rodante e equipamentos, além de interfaces com políticas energéticas e ambientais, de âmbito federal. Apenas como exemplo, no caos gerado pela crise energética, o suprimento de eletricidade para trens e metrôs não mereceu tratamento condizente com a sua importância social. Do ponto de vista institucional e de mecanismos de financiamento, regredimos para era anterior aos anos 70.

Infra-estruturas de transporte demandam estratégias, políticas, planos e recursos que obrigam a administração pública a trabalhar com uma visão de longo prazo. Claro que para a alocação de recursos escassos as concessões são bem-vindas, mas devem ser vistas como instrumentos de políticas públicas mais amplas, e não como um fim em si mesmas. Grande parte das infra-estruturas continuará a depender, para a sua preservação e ampliação, de recursos públicos a fundo perdido. O importante, portanto, é que o novo governo comece a pensar seriamente em reestruturar as bases institucionais e organizacionais, além de criar mecanismos de financiamento estáveis no longo prazo. Titubeios são naturais em inícios de governo. Mas é preciso ver as coisas com clareza: "tapa-buracos" em estradas é tão somente uma ação emergencial, não política de transportes e, muito menos, política social.

Hoje o objetivo social maior é o da chamada segurança alimentar e o objetivo econômico, o de aumentar a competitividade das exportações. Portanto, o papel dos transportes é baixar custos e viabilizar logísticas mais condizentes com esses objetivos. Se quisermos pensar seriamente em crescimento e termos alguma perspectiva de futuro, não poderemos deixar de fortalecer as nossas infra-estruturas de transporte. Sendo indutoras do desenvolvimento e da organização territorial, torna-se premente a necessidade de planos e programas governamentais abrangentes, integrados e de natureza estratégica, para atender o presente e balizar as expansões futuras. Infelizmente, tomando de empréstimo frase do sábio Barão de Itararé, "tudo seria fácil, se não fossem as dificuldades".

(Folha de S. Paulo, 20 de janeiro de 2003)

Transportes no Brasil: o desafio institucional

No Brasil, por razões históricas, o transporte de mercadorias e pessoas é essencialmente rodoviário e o desequilíbrio na matriz de transporte tem condicionantes estruturais que dificultam mudanças. O transporte rodoviário movimenta cerca de 62% das cargas. Desconsiderando-se o minério de ferro, que isoladamente representa 2/3 da carga ferroviária, a participação dos caminhões eleva-se a mais de 70%.

Em contraste com os países mais desenvolvidos, nestas duas décadas não ocorreram especializações funcionais associadas à evolução das logísticas multimodais. Ainda é limitado o uso das técnicas de granelização e unificação da carga geral, bem como dos "corredores" e "pontes" de escoamento. Nem ocorreram avanços nos planejamentos estratégicos e gerenciais e nas concepções integradas das infra-estruturas e complementaridades inteligentes dos serviços.

Tudo isso somou-se, por duas décadas, à degradação física das infra-estruturas e ao conseqüente declínio da qualidade dos serviços. Há estrangulamento na oferta do transporte, que onera atividades econômicas e o abastecimento interno, e aumento da incidência do "Custo Brasil" nas exportações.

Nesse contexto, a questão institucional se coloca como um grande desafio futuro. Dela decorreram não só o esgotamento dos mecanismos tradicionais de financiamento público e a redução dos financiamentos das instituições de fomento nacionais e internacionais, como também a queda nos níveis de profissionalização e dispersão dos núcleos de inteligência das organizações públicas. Houve um desmonte sistemático, que contou com a lamentável interrupção no processo de geração de dados estatísticos e informações setoriais.

Mas a restrição mais importante, com repercussão deletéria nos transportes, foi a ênfase atribuída às políticas econômicas de curto prazo, que inibiram concepções estratégicas de longo prazo, prejudicando o próprio

JOSEF BARAT

planejamento e gerando descontinuidades e incertezas na formulação de políticas públicas consistentes de restauração e expansão das infra-estruturas de transporte.

São inegáveis, porém, alguns avanços institucionais. Criou-se um suporte legal para os programas de concessões das infra-estruturas de serviços públicos, absorvido e adaptado por muitos Estados. Foi aberta, ainda, a possibilidade de delegar rodovias federais aos Estados, para efeito de exploração por concessão. Criou-se, por fim, a Contribuição de Intervenção no Domínio Econômico (CIDE), que instituiu a utilização vinculada dos recursos arrecadados pela cobrança de uma alíquota sobre o consumo de combustíveis para a infra-estrutura de transportes.

No que diz respeito às concessões, cabe lembrar que, dos cerca de 54 mil km de rodovias federais pavimentadas, foram concedidos pouco mais de 4,6 mil – ou seja, 8,5% do total. Aí se incluem cerca de 3 mil km de rodovias delegadas pela União aos Estados. O interesse demonstrado pelo setor privado poderá atingir, numa visão otimista, cerca de 23% do total da malha federal.

Há que se pensar na revisão e atualização da legislação sobre concessões. Os modernos mecanismos de Parcerias Público-Privadas (PPP) existentes em países mais desenvolvidos podem ser um caminho para ampliar a participação privada nos investimentos e assegurar controle mais eficaz por parte do governo. Mas uma pergunta é inevitável: de onde virão os recursos para restaurar e manter 75% da extensão pavimentada da malha federal? Os recursos provenientes da CIDE são notoriamente insuficientes e o compromisso assumido pelo governo federal com a meta de superávit primário tem um efeito devastador sobre sua capacidade de investimento.

Já nas ferrovias – objeto de arrendamento dos ativos operacionais, associado à outorga de concessão – houve apenas melhorias operacionais e modestos aumentos de capacidade. O interesse dos acionistas – clientes "cativos" da ferrovia – acabou por manter a relação existente sob a tutela do Estado, em prejuízo da diversificação das cargas e clientes. Assim, a privatização acabou por limitar a atuação das ferrovias frente às novas concepções de logística e multimodalidade, restringindo o seu potencial de competitividade.

Quanto aos portos, o processo de privatização foi o mais lento. Concessões integrais foram outorgadas a apenas três portos de pequena expressão. Nos demais, as concessões têm sido fragmentadas para áreas e terminais de operação específica. A política adotada – ainda que não explícita – tem estimulado a concorrência no âmbito de cada porto, ao invés de promovê-la mais ativamente entre portos regionais, como ocorre nos países mais desenvolvidos.

Cabe assinalar, por fim, que foi precária a reestruturação do Ministério dos Transportes e das organizações públicas a ele vinculadas, para o exercício das funções não delegáveis pelo Estado. Só recentemente foram criadas duas agências reguladoras: uma para os transportes terrestres, a ANTT, e outra para o hidroviário, Antaq, na contramão, portanto, dos modernos conceitos de coordenação, integração e multimodalidade. Sem as suas funções e papéis ainda claramente definidos, essas agências correm o risco de superpor às suas atribuições específicas de regulação outras mais condizentes com instâncias executivas do próprio Ministério.

Diante do quadro deprimente da degradação do patrimônio público construído pelo esforço de várias gerações e, se o Ministério dos Transportes for levado a sério, seus responsáveis terão a imensa tarefa de consertar os erros do passado e criar o suporte institucional para que o transporte não seja um obstáculo ao crescimento e à competitividade do País.

(Valor Econômico, 17 a 19 de janeiro de 2003)

A regulação dos transportes

Está em pauta no Congresso a criação da Agência Nacional de Transportes. O atraso em relação ao que ocorreu com as telecomunicações, energia elétrica e petróleo indica a desorganização administrativa e a ausência de uma política para o setor. Além, é claro, das disputas e conflitos entre os interesses privados dependentes da ação reguladora, que se materializam, hoje, na proposta absurda de criação de duas agências (terrestre e aquaviária).

Não tem sido possível, assim, enquadrar os transportes no escopo mais abrangente da reforma do Estado. Excluída a aviação civil, objeto de regulação própria, os modais de transporte devem ser regulados de forma coordenada. Embora os serviços sejam diferenciados, devem ser vistos como partes de sistemas integrados.

O custo do transporte afeta a competitividade das exportações e o abastecimento. Nesse sentido, a atividade reguladora deve tornar compatíveis seus escopos, visando coordenar aspectos conflitantes em favor do interesse público, estimulando as soluções multimodais. Por meio dessas, é possível obter aumentos de produtividade, redução de custos e melhoria de qualidade, cabendo à agência evitar que objetivos e resultados das concessões afetem a complementaridade em prejuízo do transporte multimodal.

Não há dúvida de que o transporte apresenta um amplo leque de características funcionais e graus de flexibilidade na sua regulação. É um serviço público essencial nos metrôs, trens e ônibus urbanos e metropolitanos, bem como na infra-estrutura rodoviária. Apresenta situações de natureza híbrida – serviço público e atividade econômica – nos portos, ferrovias e ônibus de longa distância e constitui-se em atividade econômica no rodoviário de cargas e navegação.

A regulação dos transportes não pode prescindir de uma visão sistêmica e deve ser a contrapartida operacional no que diz respeito às concessões da formulação de estratégias e políticas que levem em conta o entrelaçamento de instâncias decisórias, as características dos serviços e as vantagens comparativas dos modais. Trata-se, em última análise, de fomentar a competição entre operadores do multimodal em diversos corredores, e não a competição entre diferentes meios de deslocamento. Nesse sentido, não se pode contemplar cada modal com mecanismos de regulação próprios, em prejuízo da visão sistêmica. Esta, forçosamente, encaminha estratégias e soluções para a integração dos modais, favorecendo a redução dos custos do transporte.

Esse raciocínio conduz para a idéia de criação de uma agência única para a regulação dos transportes, atendendo o geral e o específico. No caso das rodovias, as concessões são feitas para uma infra-estrutura de uso público e a sua regulação obedece a um modelo convencional de concessão de serviço público, com supervisão e monitorização das tarifas, do programa de investimentos, da garantia da qualidade e segurança, bem como o amplo acesso aos serviços. Já o transporte rodoviário de passageiros intermunicipal e interestadual exige controle e fiscalização, por envolver, na sua operação, o cumprimento de freqüências, horários, requisitos de segurança e qualidade, além de garantias de funcionamento regular. Trata-se, entre nós, de um serviço essencial, não podendo ser regulado exclusivamente pelo mercado.

Assim, a regulação parcial pelo mercado torna mais complexa, porém mais flexível, a ação reguladora do poder público, para impedir a competição predatória em prejuízo da qualidade e segurança. No caso do transporte ferroviário de cargas, embora objeto de concessões (em paralelo ao arrendamento do material rodante e instalações), não é um serviço que possa ser caracterizado como essencial e, salvo exceções, não é um "monopólio natural". Admite, assim, maior flexibilidade da função reguladora, exigindo, porém, a regulação de direitos de passagem, tráfego mútuo e a arbitragem de conflitos de interesses entre concessionárias. Situação análoga ocorre com a infra-estrutura portuária, em que, nos chamados portos públicos, o poder concedente deve assegurar aos usuários amplo acesso, tarifas módicas, qualidade e estimular, sobretudo, a competição entre portos.

Por fim, o transporte rodoviário de cargas é totalmente desregulamentado e o poder público só pode atuar por estímulos à integração com outros modais, como, por exemplo, o controle da tonelagem por eixo, como instrumento de transferência de cargas para as ferrovias. O mesmo ocorre com as navegações de cabotagem e fluvial, que, a rigor, não exigem regulação. A estruturação da agência reguladora deverá levar em conta, portanto, as características peculiares dos modais de transporte, mas sem perder a visão sistêmica. É importante que se adote para os transportes a idéia de compartilhar responsabilidades entre níveis de governo, entre o poder público e a sociedade e entre os segmentos públicos e privados. Num moderno contexto de regulação e gestão inteligente de sistemas, caberá à sociedade ter uma participação mais ativa no planejamento estratégico e estabelecimento de metas. Uma boa oportunidade para superar a tradicional postura passiva e reativa ao que é imposto pelo Executivo.

(Folha de S. Paulo, 25 de outubro de 2000)

O escoamento das safras agrícolas

A agricultura brasileira vem sendo assolada por três pragas que certamente comprometerão a produção de alimentos em futuro próximo: 1) a pesada carga tributária; 2) os juros elevados das operações com bancos; e 3) os custos do transporte. Elas desestimulam o produtor e minam sua capacidade de capitalização. Mesmo o moderno segmento do agribusiness, que se desenvolveu de forma promissora entre nós, está ameaçado.

Uma comparação singela mostra o efeito devastador de duas dessas pragas. Nos Estados Unidos, o escoamento de grãos das regiões produtoras do Meio-Oeste, numa distância de 1.400 a 1.600 quilômetros do porto de Nova Orleans, custa, em média, US$ 8 por tonelada. No embarque, o custo é acrescido de US$ 4. Por não incidir sobre esses produtos um imposto de exportação, o produtor norte-americano retém nada menos do que 95% do valor FOB.

Já no Brasil o escoamento das regiões produtoras situadas a distância equivalente do porto de Santos, quais sejam, sul de Goiás e de Mato Grosso, como também Mato Grosso do Sul, custa em média US$ 45 por tonelada, mais US$ 9 por tonelada no porto. Com a carga tributária que atinge o produtor brasileiro, este recebe apenas 60% do valor FOB da exportação. Considerando-se o ambiente conturbado da agricultura brasileira, um grande apoio que a ela pode ser dado, no momento, é o de procurar racionalizar as logísticas de escoamento.

Já houve no passado (anos 70 e início dos 80) a preocupação do governo federal em dar um tratamento mais coordenado à questão do escoamento das safras agrícolas. Era clara, então, a consciência da elevada incidência dos custos de estocagem e de transferência e transporte da produção agrícola sobre o abastecimento interno e as exportações. As iniciativas de caráter institucional que foram tomadas nesse período diziam respeito a ações de planejamento, formulação de políticas públicas e integração

JOSEF BARAT

de medidas executivas relacionadas basicamente a concepções tanto de integração inter e multimodais no transporte, quanto de suporte de meios logísticos. Esses foram os papéis do Programa de Corredores de Exportação e do Grupo Executivo para a Movimentação de Safras (Gremos), que atuaram na coordenação dos fluxos de escoamento das safras agrícolas, baseados em inúmeros estudos de suporte à integração dos transportes.

Nesse período, houve inclusive um aumento expressivo da capacidade de armazenagem. Posteriormente, o processo de desarticulação da administração federal tirou da pauta de prioridades a complexa questão do escoamento das safras agrícolas. O que se viu, a partir daí, foram as filas intermináveis de caminhões aguardando o embarque nos portos e as perdas e desperdícios resultantes das precárias condições de armazenagem dos produtos. Uma década de inflação exacerbada impediu ainda que se tivesse uma visão clara dos impactos dos custos da logística de escoamento sobre o mercado interno e a competitividade das exportações.

Enquanto isso, houve um avanço mundial nas logísticas de abastecimento e escoamento, que passaram a utilizar dois ou mais modais de transporte para o deslocamento de mercadorias, unificadas em contêineres ou a granel. Tornou-se usual falar-se de transporte: 1) Combinado, quando um veículo com a sua carga é conduzido por outro, como ocorre com um semi-reboque rodoviário por navio ou por vagão-plataforma ferroviário; 2) intermodal, quando ocorre a transferência física da carga por diferentes modais, num encadeamento sistêmico desde a coleta até a distribuição; e 3) multimodal, de conotação institucional, quando o transporte de mercadorias por dois ou mais modais se baseia em um único conhecimento de embarque, expedido por um operador de transporte multimodal (OTM) e sob sua responsabilidade.

Apesar das diferentes conceituações, os transportes combinado, intermodal e multimodal têm um substrato comum. Trata-se da utilização de dois ou mais modais na movimentação de mercadorias e a idéia de que é vantajoso valer-se das complementaridades entre os modais para reduzir custos, tempos de imobilização, perdas e avarias no manuseio, assim como incrementar a qualidade e integrar as diversas etapas do transporte num gerenciamento abrangente e de concepção sistêmica.

Assim, o transporte visto como elo de uma cadeia logística mais ampla (que envolve armazenagens, controle de estoques etc.) implica forçosamente a busca de maior eficiência pela integração de dois ou mais modais. Estes, por seu turno, como elos das cadeias de transporte, devem ser coordenados e gerenciados como sistemas em rotas ou corredores. Isso implica a remoção de obstáculos e interferências de natureza física (adequando infra-estruturas e instalações de apoio), operacional (incrementando o desempenho de veículos e equipamentos) e institucional (racionalizando regulamentos, legislação e procedimentos burocráticos).

Será que governo e iniciativa privada conseguem articular-se para atingir um objetivo dessa envergadura?

(Gazeta Mercantil, 14 de outubro de 1999)

E o piloto? Sumiu?

O bloqueio realizado pelos caminhoneiros nas principais estradas de rodagem do País nos induz a uma série de reflexões. Primeiramente, cabe reconhecer que a pauta de reivindicações apresentada pelos líderes do movimento é bastante coerente e deve ser encarada com respeito, até por se tratar de setor essencial ao cotidiano do País. Em seguida, deve-se considerar que greves de caminhoneiros ocorrem em diversos países e causam enormes prejuízos de ordem econômica e social, como aconteceu recentemente na França.

Claro que não se pode deixar de condenar os excessos de arbitrariedades cometidos pelos grevistas nem deixar de lamentar as graves conseqüências acarretadas pelo movimento. Mas é importante, neste momento, ter consciência do contexto em que os fatos ocorrem.

Uma greve de caminhoneiros na França causa transtornos, mas a movimentação de cargas naquele país – apesar do grande avanço do transporte rodoviário – divide-se de forma equilibrada com as ferrovias e a navegação interior, que, apesar de mais especializada, tem um importante papel no transporte de carga geral, por meio de contêineres. Os transtornos causados acabam por afetar muito mais a circulação de automóveis e parte da distribuição de carga nos centros urbanos.

No Brasil, entretanto, o transporte rodoviário é responsável por cerca de 70% da movimentação interurbana de cargas e 95% da de passageiros. Aqui, a paralisação dos caminhões atinge em cheio as cadeias logísticas, causando efeitos devastadores sobre a produção, o abastecimento interno e as exportações. Apesar de se saber de tudo isso, a greve – há algum tempo anunciada – deparou com um governo abúlico, incapaz de antecipar soluções.

Isso porque o governo não dispõe de uma política de transportes consistente. Como na língua portuguesa não existe a distinção entre *policy* e *politics*, acaba por haver uma perniciosa confusão sob a égide da palavra "política". Ou seja, entre nós, ministros fazem política (*politics*) – e como fazem! –, mas, mesmo em países onde prevalecem ideologias liberais, com a primazia do mercado, os governos não abrem mão de sua função de definir políticas (*policies*) e de dispor de instrumentos para intervir em situações que podem causar graves prejuízos à sociedade. Assim, a paralisação dos caminhões nos mostra alguns aspectos interessantes da absoluta falta de articulação no setor.

Os caminhoneiros reclamam dos custos elevados num contexto de demanda em declínio pela recessão. Reclamam, sobretudo, do aumento dos preços dos combustíveis, das tarifas dos pedágios e do vergonhoso estado de conservação das estradas, o que eleva, sem dúvida, o chamado "Custo Brasil". O governo federal é responsável por cerca de 53 mil km de rodovias pavimentadas. Foram privatizados por meio de concessões apenas 850 km, que concentram parte relevante do tráfego rodoviário e tiveram melhoria sensível nas suas condições de tráfego. Mas o restante da malha viária não dispõe dos recursos necessários para sua conservação rotineira e restauração de trechos degradados. Estimativas recentes mostram que apenas 38% da malha federal pavimentada encontra-se em boas condições e 62% está em estado regular ou péssimo.

No passado havia um mecanismo de financiamento auto-sustentado – o Fundo Rodoviário Nacional –, baseado na arrecadação do imposto sobre combustíveis e lubrificantes, vinculado à infra-estrutura rodoviária. Com o fim das vinculações e a transferência da base tributária para os Estados, a União perdeu receitas e manteve encargos. Se entre 1970 e 1974 o governo federal investiu o equivalente a 0,90% do PIB em construção e pavimentação e 0,30% em conservação, entre 1995 e 1998 os percentuais caíram para, respectivamente, 0,07% e 0,05%.

Há mais de uma década que se assiste à degradação do patrimônio viário, sem que: i) se transfira parte da malha federal para os Estados; ii) se crie um mecanismo de financiamento sustentado no longo prazo para dar suporte pelo menos à conservação e à restauração da malha existente. O Brasil já dispôs de um mecanismo que deu certo, extinto sem uma alternativa.

A outra questão relevante que decorreu da falta de política para o setor é a da persistência no predomínio do caminhão. Onde estão as ferrovias e a navegação de cabotagem como alternativas para cargas gerais unificadas em contêineres? A privatização da malha ferroviária gerou dois problemas com as concessionárias, que: i) não conseguiram cumprir as metas estabelecidas; e ii) acomodaram-se à situação de transformar as ferrovias em meros centros de custos dos seus negócios (minérios, produtos siderúrgicos etc.). Quanto à navegação de cabotagem, a privatização de áreas portuárias e a própria legislação não desfizeram o emaranhado de instâncias burocráticas e irracionalidades nas operações portuárias. Ora, custos elevados, altos índices de furtos e avarias e tempos de espera absurdos afugentam a carga do navio, se ela tiver a opção do caminhão.

Este é o pior dos mundos em que vivemos. Sem estratégias e políticas públicas arrojadas e consistentes, as coisas certamente vão piorar, em prejuízo do abastecimento interno e da competitividade das exportações. Nessa greve anunciada, o País, já devagar, quase parando, correu o sério risco de parar. Nuvens carregadas, turbulências, o avião com dificuldade de nivelar, os passageiros apertam os cintos e o piloto... sumiu! Vamos levar mais a sério a questão dos transportes, senhores!

(Folha de S. Paulo, 31 de julho de 1999)

Renovar é preciso

Já foi bastante analisada a dependência da economia brasileira em relação ao transporte rodoviário e aos derivados de petróleo, para a movimentação de cargas e pessoas. Estima-se que nada menos de 70% das toneladas-quilômetro e 95% dos passageiros-quilômetro movimentados anualmente no País deslocam-se em caminhões, ônibus e automóveis. As causas desses desequilíbrios nas matrizes de transporte e de energia no Brasil são bem conhecidas. O transporte rodoviário foi o mais capaz em responder às exigências do ciclo de industrialização baseado na substituição de importações, em virtude dos menores custos de implantação das infra-estruturas viárias, maior flexibilidade dos sistemas operacionais, considerável descentralização institucional e disponibilidade de recursos tributários vinculados e sustentados no longo prazo.

Ao contrário – e não propriamente por falta de recursos –, as ferrovias, degradadas e desarticuladas entre si, não tiveram condições de dar suporte à consolidação do mercado interno e acompanhar os deslocamentos das fronteiras de produção, excetuadas aquelas altamente especializadas da Cia. Vale do Rio Doce. Os portos, por sua vez, constituíram-se em obstáculo ao incremento da navegação de cabotagem. Note-se que, nos países do Primeiro Mundo, o transporte rodoviário também apresentou um aumento expressivo em sua participação no conjunto da movimentação de cargas e passageiros nas quatro últimas décadas. A diferença é que os seus sistemas ferroviários e hidroviários, historicamente bem aparelhados e atualizados tecnologicamente, enfrentaram a competição rodoviária por meio da especialização funcional e da participação ativa no transporte multimodal.

A tendência universal de expansão do transporte rodoviário de cargas deveu-se às seguintes razões principais: a) diversificação e fracionamento das cargas, em função dos estágios alcançados pela industrialização; b) maior complexidade nas logísticas de abastecimento e distribuição de mercadorias, em função dos avanços da urbanização; c) diversificação das frotas de caminhões, para adequação às funções de curta e longa distâncias,

JOSEF BARAT

ampliando as possibilidades dos serviços porta a porta e de integração com outros modais de transporte; d) aumento da participação dos caminhões pesados nas frotas, trazendo, como conseqüência, a elevação da capacidade unitária média. Quanto ao transporte rodoviário de passageiros, acentuou-se, cada vez mais, a tendência de disseminação do automóvel como meio de transporte individual, tanto nos deslocamentos urbanos quanto nos interurbanos de média e longa distâncias.

A elevada correlação entre o crescimento da frota de automóveis e o da renda disponível do setor privado no longo prazo revela um processo inexorável de associação dos veículos particulares à elevação dos padrões de vida e à crescente mobilidade dos indivíduos nas modernas sociedades de consumo de massa. Quanto aos ônibus, no Brasil eles se tornaram o meio de transporte coletivo dominante tanto nas cidades quanto nos deslocamentos interurbanos, ao contrário do ocorrido nos países do Primeiro Mundo, onde nunca representaram uma real competição ao trens e aviões.

A tendência de participação crescente dos automóveis na composição das frotas e sua maior concentração espacial nas grandes metrópoles também é um fenômeno universal. No Brasil, porém, a concentração tornou-se mais acentuada em razão dos fortes desequilíbrios nas distribuições regional e pessoal da renda. O crescimento da frota de automóveis reflete de forma contundente, entre nós, essas desigualdades. Assim, apesar de nosso índice médio de motorização (12 habitantes/veículo em 1990) revelar posição desfavorável comparativamente a países em estágio de desenvolvimento semelhante (Argentina – 5 e México – 7) e mais acentuada em relação a países do Primeiro Mundo (EUA – 1,2; Canadá e Austrália – 1,5), a concentração regional altera esta primeira percepção. O Estado de São Paulo abarca 40% e sua Região Metropolitana, 18% dos quase 12 milhões de automóveis do País, apresentando a capital índice de motorização próximo de 6. Somente as regiões metropolitanas de São Paulo e Rio concentram 30% da frota nacional. Daí as situações de congestionamento crônico, freqüentemente mais graves que nas metrópoles e rodovias do Primeiro Mundo.

Claro que os graves problemas de circulação nas cidades e estradas brasileiras devem-se basicamente às péssimas condições das vias, em função do acelerado processo de deterioração que as atinge ultimamente. Além das condições precárias do pavimento, as vias urbanas e estradas de rodagem brasileiras não possuem as condições mínimas de sinalização e policiamento necessárias à segurança do tráfego. Não há dúvida, portanto, de que o elevado número de acidentes está, em grande parte, associado à situação da base física e das instalações e serviços de apoio. Mas não se pode deixar de associá-los, também, à conhecida imprudência do motorista brasileiro – que só poderá ser atenuada por campanhas educativas permanentes –, bem como ao estado de envelhecimento e precária manutenção da frota de veículos.

Este último aspecto é muito preocupante e pouco divulgado. Na composição da nossa frota de automóveis, apenas 26% dos veículos têm menos de 5 anos, enquanto 53% têm mais de 10 anos e o expressivo contingente de 30%, mais de 15 anos! Isto resulta na idade média de 11,2 anos, ou seja, uma frota bastante envelhecida. A recessão econômica prolongada dos anos 80/90 contribuiu decisivamente para o envelhecimento e a degradação física dos veículos, uma vez que a renda per capita praticamente estagnou. Os acréscimos da frota se deram em cima da elevada concentração de renda da sociedade brasileira, que consolidou um limite ao consumo de veículos novos. Espera-se que o advento de um novo ciclo de desenvolvimento force a indústria automotora a romper esse limite e, pela difusão dos carros populares, promover uma alteração estrutural na composição etária da frota. Todavia, para alterar parâmetros de tributação, como o IPVA mais favorecido para veículos mais velhos, urge oferecer aos consumidores a opção de veículos novos efetivamente mais baratos.

A renovação deverá atingir também os caminhões, cuja frota foi afetada pela recessão e pela deterioração das infra-estruturas viárias. Assim, a produção de caminhões caiu de 102 mil veículos, em 1981, para menos de 70 mil, em 1990, mantendo-se a frota praticamente estagnada, em torno dos 950 mil veículos. A idade média dos caminhões elevou-se acentuadamente, atingindo hoje mais de 13 anos. Nessas condições, a plena reposição da frota só ocorrerá no ano de 2015. As implicações, em termos de declínio da qualidade dos serviços, são óbvias, o que compromete a principal modalidade de escoamento da produção nacional. Enfim, renovar é preciso, mas urge superar, sobretudo, a mentalidade estreita que condena e confina aqueles que empobreceram com a recessão e os menos favorecidos aos veículos velhos e às dificuldades inerentes à sua manutenção. Que se ampliem as escalas do mercado, em benefício de todos!

(O Estado de S. Paulo, 21 de fevereiro de 1996)

Parte 5

URBANIZAÇÃO E SERVIÇOS PÚBLICOS

Subsídio para o transporte público

Sou a favor do subsídio para o transporte público. Faço, porém, uma ressalva inicial: sou contra todo tipo de subvenção genérica, que resulte simplesmente na cobertura do diferencial entre custos operacionais e receitas tarifárias. Essa prática perpetua a irresponsabilidade de quem concede a subvenção e a ineficiência crônica de quem opera o transporte, onerando a sociedade de forma injustificável. Já o subsídio direcionado a públicos-alvo específicos – com notória insuficiência de renda para fazer frente aos custos dos seus deslocamentos diários – me parece adequado como parte de políticas sociais mais amplas.

Vale a pena refletir melhor sobre o assunto. É importante lembrar, de início, que o problema é universal e objeto de acirradas discussões em reuniões técnicas internacionais. Via de regra, norte-americanos e ingleses (tendo à frente instituições de fomento) defendem o primado das leis de mercado, com as tarifas cobrindo integralmente os custos (ao menos os operacionais) e, portanto, o transporte público sem subsídio. Em direção oposta, os europeus continentais – os franceses à frente – vêem no transporte público um importante instrumento de política social e redistribuição de renda. Deve ser subsidiado, portanto, para atender as camadas menos favorecidas da população urbana. Há algum tempo, as divergências entre os pensamentos neoliberal e social-democrata têm repercutido nessas discussões.

Apenas um exemplo para incomodar os que rejeitam o intervencionismo do Estado e a concessão de subsídios: em Paris, o ente estatal que opera o transporte público (subsidiado) implantou uma rede de corredores de ônibus articulados para suplementar a capacidade do sistema convencional de metrô. Eles operam com grande eficiência, uma vez que circulam em faixas privativas ou preferenciais, com prioridade de passagem. É o interesse público prevalecendo sobre o primado do automóvel. Já em Londres, houve a privatização do sistema de ônibus e a sua desregulamentação. A liberdade de operação e a ausência de uma infra-estrutura de suporte transformaram a área central da cidade num verdadeiro caos. Superposição de linhas e itinerários, excesso de oferta e congestionamentos fizeram a qualidade do serviço cair de forma dramática. E o que dizer de Nova York, onde ônibus de última geração e tecnicamente perfeitos disputam arduamente o seu direito de passagem por não dispor de prioridade ante os automóveis?

Na verdade, é difícil encontrar um sistema de transporte público que não seja deficitário. Variam as formas mais ou menos inteligentes de subsidiá-los. O que deve ser objeto de reflexão para essa questão em São Paulo é encontrar formas de subsídio compatíveis com objetivos mais amplos de políticas sociais e de preservação da qualidade e eficiência do transporte. O Metrô, graças a um esforço louvável da atual administração, opera hoje com equilíbrio entre receitas e custos (operacionais). Pretende-se chegar futuramente a esse equilíbrio nos trens metropolitanos. Mas não se pode esquecer que o Estado repassa ao Metrô a cobertura das gratuidades concedidas a grupos sociais desfavorecidos, ou seja, existe um subsídio, só que direcionado e contabilizado.

Situação difícil é a da prefeitura. Após a chamada "municipalização" dos serviços, em que se desvinculou a tarifa dos custos, o sistema de ônibus da cidade passou a ser objeto de uma subvenção genérica para cobertura de custos. Se, num primeiro momento, houve estímulo à renovação e à ampliação da frota, a tendência posterior foi a perpetuação e o agravamento dos desequilíbrios financeiros, queda da qualidade, capacidade ociosa e irracionalidade das linhas. Com subvenções crescentes e falta de controle, chegou-se à crise atual. No entanto pode-se administrar uma política de subsídios com instrumentos bastante eficazes, sem comprometer a qualidade, eficiência e equilíbrio dos operadores. O vale-transporte (repartido entre empregados, empregadores e governo), as gratuidades restritas a grupos carentes, a bilhetagem eletrônica, permitindo a tarifação por zonas e a integração multimodal, entre outros, são instrumentos de políticas socialmente mais justas. É tempo de pensar no transporte público de forma mais arrojada.

(Folha de S. Paulo, 4 de junho de 2001)

Municipalismo: alcances e limites

No último Congresso Estadual de Municípios, realizado em Águas de Lindóia, ficou claro que os prefeitos desejam aprofundar o conceito de municipalismo, ou seja, buscar maior autonomia financeira para o seu nível de governo. A razão dessa busca é a situação conflitante que vivem os prefeitos: a Constituição de 1988 assegurou aos municípios grande autonomia política e procurou corrigir o desequilíbrio na redistribuição da receita tributária, transferindo-lhes maior parcela de recursos. No entanto, não foi capaz de propiciar a autonomia financeira para a esmagadora maioria das prefeituras. Dando tratamento isonômico aos municípios, perpetuou carências generalizadas, na medida em que não foi capaz de diferenciar contextos completamente distintos, como os de capitais, regiões metropolitanas, conurbações, centros agrícolas e a grande massa de prefeituras deserdadas.

Não é surpreendente, portanto, que os prefeitos se unam contra a prorrogação do Fundo de Estabilização Fiscal, eufemismo encontrado pelo governo federal para desvincular do seu orçamento recursos comprometidos com transferências, enquanto não consegue viabilizar mudanças estruturais que contenham o déficit público. O cobertor curto torna menos dramática a situação do orçamento federal, mas tem efeito perverso sobre a maioria dos municípios brasileiros. A União, falida, quer puxar ainda mais o cobertor: alem de deixar de transferir receita, quer promover a transferência de custos com a absorção do ensino básico pelos municípios. É lógico que, nesse caso, a palavra "municipalização" torna-se ameaçadora. Num país de forte tradição municipalista, que desde os tempos coloniais sobreviveu às famosas "sístoles" e "diástoles" do poder central, a força política dos poderes locais deverá se contrapor, inevitavelmente, aos descaminhos das municipalizações.

A grande angústia dos prefeitos – embora nem sempre explícita – é que, dispondo de poder político real pela proximidade com a cidadania e elegendo deputados estaduais e federais, são obrigados, na maioria dos casos, a sair com o pires na mão pedindo recursos para melhorar as condições de vida de suas comunidades. Mais grave ainda é que, via de regra, o sucesso da sua gestão não depende de seu esforço apenas, pois oscila ao sabor da economia nacional, que lhe garante (ou não) sua principal fonte de receita: as transferências do FPM. Os cidadãos vivem nos municípios, mas a verdade é que respiram no seu quotidiano a crise econômica nacional.

Mas há algo mais que angustia os prefeitos. A inserção de suas comunidades nas cadeias globalizadas de comunicação e consumo gera muitas expectativas. No entanto, há uma dificuldade básica de inserção nas cadeias de produção. Isto porque as decisões locacionais dependem cada vez mais de parâmetros relacionados com processos produtivos transnacionais e globalizados, com exigências que hoje vão além da disponibilidade de infra-estruturas. Assim, freqüentemente, os prefeitos se vêem marginalizados da dinâmica de geração de riquezas. É bem evidente que houve uma mudança significativa nos padrões de localização industrial no Brasil, ou seja, evoluiu-se da concentração exacerbada para a descentralização. Mas, como as indústrias vêm reduzindo drasticamente o seu potencial de geração de empregos, o alcance da descentralização é limitado. Desta forma, quais as atividades que se deve fomentar e atrair para os municípios é a pergunta invariavelmente presente em reuniões de prefeitos.

Obviamente, prefeitos e autoridades municipais são tomados de grande perplexidade diante da dinâmica da chamada globalização, que, para infelicidade de todos, veio acoplada à falência do Estado. É duro constatar o desmoronamento do modelo de financiamento público das infra-estruturas e é, sem dúvida, difícil encontrar alternativas nas formas de privatização, parcerias e captação de poupança voluntária, para financiar investimentos que eram bancados com recursos públicos e créditos avalizados pela União. Mais duro, ainda, é constatar a marginalização dos poderes locais diante de políticas econômicas que se abstraem inteiramente das questões regionais e urbanas. Nesta transição, há os que ficam presos a paradigmas superados e os que buscam novas alternativas diante: i) das restrições ao financiamento público e do esgotamento da capacidade de endividamento; ii) das limitações dos Planos Diretores Urbanísticos, obrigatórios, mas que se abstêm de examinar em maior profundidade a realidade econômica e social das comunidades; e iii) da ausência quase generalizada de estudos sérios que permitam descobrir as verdadeiras vocações dos municípios e quais as infraestruturas de apoio necessárias para desenvolvê-las.

Atrair investimentos para os municípios implica diferenciar interesses, encontrar vocações, conceber estratégias e políticas públicas consistentes. Mas, num país continental e com desequilíbrios regionais e sociais tão graves, não podemos, todavia, nos iludir com o alcance da descentralização. Como o peso da União, apesar de tudo, ainda é muito forte, é preciso engajá-la firmemente num esforço cooperativo de planejamento regional. Assim, independentemente do esforço criativo, da capacidade de gestão e da descoberta de vocações municipais individualmente (tão recomendados, mas que limitam drasticamente as possibilidades de sucesso), será possível ampliar o conceito de vocação e especialização produtiva para regiões, de forma a beneficiar um maior número de municípios. É claro que o esforço de mobilização e cooperação deve partir de uma organização regional de municípios (consórcios ou entidades de promoção do desenvolvimento), envolvendo gradualmente os Estados, a União, a iniciativa privada, as universidades e, mesmo, entidades internacionais de fomento. Com estratégias e políticas bem concebidas e definidas, é lógico que o poder de barganha dos municípios amplia-se consideravelmente.

Fortalecer-se *regionalmente* em torno de bacias hidrográficas, especializações agrícolas, patrimônio turístico ou núcleos de desenvolvimento científico-tecnológico, por exemplo, poderá ser uma boa receita para aprofundar o conceito de municipalismo, dando maior força econômica a conjuntos de municípios, de forma a consolidar um processo cooperativo de mudança. Poderá ser, também, uma boa base para rediscutir a destinação de recursos do Fundo de Estabilização Fiscal, comprometendo a União com soluções concretas de desenvolvimento regional e com políticas econômicas que simplesmente não se abstraiam do cidadão e do território onde ele vive.

(O Estado de S. Paulo, 7 de julho de 1997)

Habitação e desenvolvimento urbano: soluções à vista?

A questão habitacional representa para a sociedade brasileira provavelmente o maior encargo da dívida social acumulada por séculos de desigualdade. Apesar da industrialização e do desenvolvimento econômico acelerado, é expressivo o contingente de pessoas e famílias que moram em condições precárias ou mesmo subumanas. É o reflexo, no plano habitacional, dos padrões altamente concentradores na distribuição da renda. Quando se procura conceituar a moradia inadequada para efeito de determinação do déficit habitacional total, pode-se considerar basicamente três componentes: i) o *déficit por moradia deficiente*: habitações não servidas por saneamento básico, ou seja, por modalidades de abastecimento de água ou esgotamento sanitário; ii) o *déficit por moradia conjunta*: habitações onde reside mais de uma família; e iii) o *déficit por moradia precária*: as chamadas sub-habitações ou moradias improvisadas, ou seja, famílias residindo em favelas, mocambos, palafitas ou mesmo debaixo de pontes e viadutos.

Atualmente a sociedade começa a se questionar – e mesmo a se mobilizar – quanto ao padrão de desenvolvimento econômico, que, por ser concentrador, acarreta graves problemas de marginalidade social e, conseqüentemente, acentua cada vez mais o déficit habitacional. Observam-se, assim, avanços no que diz respeito à concepção de programas habitacionais. Nos anos 60 e 70, as decisões de localização de grandes conjuntos habitacionais eram tomadas em função da disponibilidade de terrenos baratos ou de propriedade pública nas periferias distantes, implicando a remoção pura e simples das famílias para locais distantes das suas fontes de sobrevivência. Via de regra, essa concepção implicava, também, a desvinculação dos programas habitacionais das soluções de transporte de massa e de provisão de serviços públicos (inclusive de saneamento básico) como suporte ao assentamento das famílias, contribuindo para o agravamento da dicotomia centro/periferia nas metrópoles e grandes centros urbanos.

Atualmente, em contraposição ao que ocorreu no passado, muitos programas habitacionais procuram transformar as áreas de sub-habitação em bairros urbanizados, com a provisão de serviços públicos valendo-se das infra-estruturas existentes ou promovendo ampliações menos onerosas. Com isto, mantêm-se as famílias próximas às suas fontes de sobrevivência. Existe um grande número de experiências positivas nesse sentido, desde os mutirões comunitários e urbanização de favelas até a construção de conjuntos habitacionais nas próprias áreas de sub-habitação.

O mais importante é que a questão da habitação não pode ser dissociada do processo de desenvolvimento urbano, tendo em vista o grau e a complexidade da urbanização no Brasil. O déficit habitacional, por sua vez, só poderá ser superado por meio de estratégias, políticas e programas que se sustentem no longo prazo, bem como pela introdução de mecanismos de financiamento que dêem suporte às vultosas necessidades de recursos para as habitações e infra-estruturas urbanas de apoio. Nesse sentido, pode-se considerar o setor habitacional como parte da problemática mais ampla das infra-estruturas e com importante papel a desempenhar na retomada do desenvolvimento. A construção de moradias e a provisão de serviços públicos a ela associada constituem atividades por excelência geradoras de emprego, contribuindo também para a correção, no longo prazo, dos enormes desequilíbrios na distribuição de renda, na medida em que propiciam a incorporação de contingentes socialmente marginalizados ao mercado. A inserção da questão habitacional na agenda da retomada do desenvolvimento resulta, portanto, de sua característica de duplo condicionante: tanto do potencial de geração de emprego e renda, quanto de remoção da pobreza e promoção da maior igualdade social.

É necessário que fiquem claras as facetas dos problemas do setor e suas soluções. Os esforços do governo, nos três níveis de atuação, e da iniciativa privada devem convergir para respostas globais, mas que façam a necessária distinção entre a gestão e os problemas de:

- *financiamento*, ou seja, pela via do mercado, a construção, os prazos de pagamento e as taxas de retorno dos investimentos para os segmentos que podem pagar pela aquisição da moradia, mas que necessitam do suporte de mecanismos exeqüíveis de financiamento de longo prazo;
- *subsídio*, ou seja, o atendimento da demanda que, obrigatoriamente pa-

gando pela moradia, só poderá ser atendida de forma subsidiada, tratando-se da combinação do problema social com o do financiamento.

Para a parcela do déficit habitacional a ser coberta por meio de mecanismos de mercado em termos de poupanças e empréstimos, sem necessidade de subsídios, poderá ser ampliado o leque dos mecanismos de financiamento. Eis algumas das possibilidades que vêm sendo debatidas ou experimentadas: i) *companhias imobiliárias*, aptas a emitir títulos nos mercados nacional e internacional e coordenar repasses e pacotes de financiamentos; ii) *fundos imobiliários*, com participação de investidores nacionais e estrangeiros; iii) *securitização de recebíveis* de bancos, empresas imobiliárias e de construção civil no mercado secundário; iv) *leasing imobiliário* com prazos mais amplos; e v) *home equity*, para financiamento de compra de terrenos e reformas e ampliações em imóveis.

O déficit relacionado com os segmentos populacionais que não têm acesso à moradia sem subsídio deverá ser objeto de planos e programas de oferta, resultantes de esforços cooperativos entre os três níveis de governo. Nesse caso, deverá ser definido o déficit-alvo, possível de ser coberto nas condições atuais de financiamento, e buscar-se mecanismos alternativos de financiamento subsidiado, como as parcerias com a iniciativa privada em *Operações Urbanas* associadas às formas de Solo Criado. O importante é que o objetivo de universalizar o acesso à moradia não poderá ser atingido sem uma Política Nacional de Habitação, estruturada em duas vertentes principais de atuação: i) *programática*, mediante investimentos direcionados prioritariamente para o acesso à moradia pela população de baixa renda; e ii) *gerencial*, visando à reestruturação e ao aumento da eficiência e eficácia dos programas habitacionais.

Mas a verdade é que, enquanto o sistema bancário brasileiro não conseguir viabilizar mecanismos de financiamento habitacional de longo prazo (como nos Estados Unidos), sem impor juros que escorcham os mutuários (obrigados a pagar várias vezes o imóvel no prazo de amortização), a questão habitacional, além de ser um problema dos pobres e desvalidos, passa a atingir em cheio a classe média urbana.

(O Estado de S. Paulo, 8 de fevereiro de 1997)

A questão urbana, além do horizonte eleitoral

O Brasil foi palco de um processo de urbanização em escala e intensidade sem precedentes no mundo. Em 1940, menos de 25% da população do País vivia em centros urbanos – 50 anos depois, essa proporção se inverteu, com a população urbana superando os 75% do total. A taxa média anual de crescimento populacional nas cidades ultrapassou os 5% nas décadas de 50 e 60, manteve-se em 4,4% na de 70, declinando para 3% na de 80, ritmo ainda bastante elevado quando comparado ao de países mais desenvolvidos.

A formação de regiões metropolitanas, com a consolidação de um sistema regional/urbano mais complexo em virtude dos diferentes graus de polarização exercidos pelas metrópoles, foi parte importante da nossa urbanização. Enquanto, em 1940, a população residente nas nove principais capitais representava apenas 10% da população total, em 1990, as nove regiões metropolitanas formadas em torno daqueles centros, acrescidas da capital federal, abrigavam cerca de 30% da população do País.

Sabe-se que a urbanização acelerada esteve associada ao processo de industrialização, que ocorreu pela substituição das importações e pela integração do mercado. Com a industrialização se intensificaram as migrações internas, num primeiro estágio pelos fluxos inter-regionais (de caráter rural/urbano) com origem no Nordeste e destino no Sudeste. As regiões polarizadas pelo Rio de Janeiro, por São Paulo e Belo Horizonte, onde se ampliavam as oportunidades de emprego, constituíam o principal repositório dos migrantes. A industrialização induziu, também, a expansão das fronteiras agropecuárias e de extração mineral, na medida em que se ampliou a demanda por matérias-primas industriais e por alimentos nas cidades. Na busca da auto-suficiência e da consolidação de um amplo mercado nacional, passou a haver maior integração entre regiões, entre setores econômicos e entre o Brasil urbano e o rural. Essa integração era praticamente inexistente, ou tinha laços muito tênues, no modelo de desenvolvimento an-

JOSEF BARAT

terior, baseado na exportação de produtos primários.

Com o avanço da industrialização e do processo de ocupação de novas fronteiras econômicas, os fluxos migratórios, antes concentrados, passaram a se diversificar nas suas origens e em seus destinos. Migrantes do Nordeste tiveram suas oportunidades ampliadas com a criação de Brasília e os oriundos do Sul ocuparam o Centro-Oeste e os cerrados, levando técnicas mais modernas de cultivo para aquelas áreas. Novas fronteiras econômicas passaram a atrair capital e trabalho de todos os quadrantes do território nacional. Foi o que ocorreu nos eixos Mato Grosso do Sul-Mato Grosso-Rondônia, Goiás-Tocantins-Pará, e, mais recentemente, no eixo do oeste da Bahia. Em poucos países do mundo a população atingiu o grau de mobilidade geográfica existente no Brasil.

A recente descentralização da própria atividade industrial fez com que o processo de urbanização ganhasse novos contornos. Aprofundou-se o fenômeno da metropolização, mas se fortaleceram, também, os centros urbanos de porte médio, com expressiva capacidade de polarização regional. As migrações internas deixaram de ser predominantemente inter-regionais, com peso crescente dos fluxos intra-regionais e, mesmo, interestaduais. As migrações de cidades pequenas para centros urbanos de porte médio ganharam, igualmente, maior peso, o que provocou o esvaziamento de muitas cidades do interior. O Estado de São Paulo foi palco dos aspectos mais complexos da industrialização, da urbanização e das migrações internas. A cidade de São Paulo, como pólo industrial, foi o maior repositório dos fluxos migratórios inter-regionais, que aceleraram a formação da sua periferia metropolitana. Num segundo estágio, passou a atrair os fluxos inter-regionais de caráter urbano/urbano, em especial das populações provenientes do Interior do Estado e de Estados vizinhos. A Grande São Paulo ganhou peso crescente, concentrando no início dos anos 90 a metade e um décimo, respectivamente, das populações do Estado e do País.

O Estado foi palco, ainda, de um amplo processo de descentralização industrial nos anos 80 e 90, com profundas repercussões no sistema urbano. Um grande número de estabelecimentos se transferiu para os eixos polarizados pela Baixada Santista, por Campinas e São José dos Campos, provocando o fortalecimento de centros urbanos de porte médio e gerando conurbações e formações pré-metropolitanas. Por essas razões, a urbanização paulista adquiriu contornos de maior complexidade, exigindo, hoje, do governo estadual uma reestruturação institucional e a reformulação de suas políticas urbanas. É importante, portanto, analisar e debater as tendências e perspectivas da questão urbana, merecendo atenção especial, além da Grande São Paulo, as formações metropolitanas de Campinas e Santos, o eixo conurbado do Vale do Paraíba e as microrregiões polarizadas por centros de porte médio. Nesses espaços de organização complexa se concentram as grandes carências por serviços públicos, em virtude das demandas reprimidas historicamente pela falta de investimentos. Neles estão presentes, também, conflitos de objetivos e a falta de coordenação das políticas e ações executivas dos três níveis de governo.

Apesar dos problemas comuns, usualmente os municípios não atuam de forma cooperativa, em prejuízo dos habitantes dessas regiões. Do ponto de vista prático, deve-se buscar debater soluções institucionais que dêem suporte aos esforços conjuntos e à adequada divisão de trabalho ente Estados e municípios para a solução dos problemas de saneamento básico, transporte público, preservação ambiental e habitação popular, que extrapolem os limites municipais.

Além disso, é necessário trazer o apoio da iniciativa privada e das organizações comunitárias, envolvendo-as nas soluções. Todavia, não se deve restringir a questão urbana ao atendimento das demandas de serviços públicos essenciais. Ao lado de solucionar problemas mais urgentes, não se deve perder de vista que a urbanização faz parte de um contexto mais amplo de inter-relação de políticas macroeconômicas e regionais. As cidades, para o bem ou para o mal, são o reflexo e expressão do desenvolvimento sócio-econômico do País.

(O Estado de S. Paulo, 14 de outubro de 1996)

Transporte urbano: o desafio de Sísifo

Congestionamentos crônicos, abrangendo maior número de trechos críticos das vias e com duração cada vez mais prolongada ao longo do dia. Aumento dos tempos de viagem, subtração do tempo de repouso e lazer, desgaste emocional e conseqüente queda na produtividade do trabalho em todos os níveis. Elevação perigosa da poluição atmosférica e sonora, desperdício de combustíveis e desgaste prematuro de peças e componentes dos veículos automotores. O transito caótico nos leva a uma realidade muito mais próxima do inferno que qualquer tenebrosa fantasia medieval a respeito dos domínios de Lúcifer. Todos se revoltam: os passageiros dos ônibus apinhados, que não têm alternativa, os que podem ou precisam deslocar-se de táxi e os proprietários de automóveis, que, consumindo privilegiadamente mais espaço viário e combustível por pessoa transportada, acabam imobilizando-se, também, nos engarrafamentos sem fim.

As receitas para atenuar as conseqüências desse ambiente infernal vêm à tona com freqüência: entre outras, a ação mais efetiva (e repressiva) do policiamento de trânsito, as melhorias operacionais na circulação viária e no sistema de semáforos, assim como obras de engenharia viária de pequena ou grande envergadura, para superar as restrições nos trechos críticos. Aqueles que propõem tais medidas, com maior ou menor veemência, são os que, por qualquer razão, só conseguem ver e atuar nos efeitos. Na verdade, vêem os problemas de dentro dos seus automóveis e buscam soluções para si mesmos e seus pares. Claro que há os que pensam e procuram atuar sobre as causas: melhorias nas condições do transporte coletivo, aumentando sua velocidade pela prioridade de circulação nas vias urbanas, assim como a melhoria e expansão do transporte de massa sobre trilhos. Há até os que pensam na necessidade de planejar mais racionalmente o uso e a ocupação do solo urbano, de forma a tornar as demandas por viagens mais compatíveis com as capacidades das vias e dos sistemas de transporte público.

São poucos, todavia, os que pensam no transporte urbano como um problema nacional e com uma dimensão econômica e social que transcende a perspectiva local, por mais aberta e socialmente justa que ela seja. São poucos os que defendem a necessidade de pensar o transporte urbano da forma mais ampla possível, para não ficarmos correndo atrás dos efeitos, sem conseguir atingir as causas mais significativas dos problemas. Ver o transporte urbano pela ótica local implica repetir indefinidamente a condenação de Sísifo: tantas vezes a pedra for levantada montanha acima, tantas vezes ela irá tombar, gerando expectativas crescentes. Senão vejamos:

- Há levas de migrantes chegando diariamente às nossas metrópoles e grandes cidades, pressionando a oferta de serviços públicos, em especial a de transportes? Os migrantes convergem do campo e cidades menores para onde lhes são oferecidas perspectivas de emprego e de uma vida melhor. Eles não sabem que o País não dispõe de uma política de desenvolvimento regional/urbano nem de uma estratégia de ocupação do território, sem o que não serão corrigidos os desequilíbrios abissais entre o campo e a cidade e entre as regiões. O País não dispõe, sequer, de uma política industrial, que permitiria induzir uma desconcentração planejada das aglomerações já saturadas. Despejados para periferias cada vez mais distantes, os novos citadinos necessitam do transporte para tornarem-se produtivos. Quando não o alcançam, tornam-se favelados.

- Há muitos ônibus nas ruas, quando grandes massas de passageiros deveriam estar sendo transportadas por trens, metrôs e bondes modernos? Claro que, não havendo recursos para investimentos pesados e que envolvem complexas tecnologias no transporte sobre trilhos, as pressões da demanda, especialmente as vindas das periferias, vão sendo atendidas pelo meio mais simples e eficaz: aumenta-se o número de ônibus, sem maiores preocupações, inclusive, com a racionalidade das linhas. Os ônibus "quebram o galho" há décadas pela falta de uma política de transportes urbanos de âmbito nacional, que defina com clareza que as melhorias ou ampliações de capacidade nos trens suburbanos e metrôs em metrópoles como São Paulo e Rio de Janeiro são prioridades nacionais. E é claro que tal política deve ter o suporte de mecanismos diversificados de financiamento, coordenados pelo governo federal, e que dêem

sustentação a investimentos de longo prazo. Lembremo-nos que, mesmo nos países do Primeiro Mundo, os governos centrais investem pesadamente no transporte público de massa.
- Há muitos caminhões de passagem ou convergindo para as áreas centrais? A culpa obviamente não é das empresas transportadoras ou dos caminhoneiros, pois as logísticas de abastecimento urbano e escoamento da produção não podem ser comprometidas. Não fossem os caminhões, o abastecimento urbano entraria em colapso. O que falta é capacidade competitiva às ferrovias nas cargas que lhe são próprias. Faltam, também e principalmente, terminais intermodais apropriados para os transbordos das cargas divisíveis, que só têm razão de existir se as ferrovias cumprirem o seu papel. O que falta, em última análise, é uma política integrada de transportes que estimule a multimodalidade e a adequada divisão de funções entre ferrovias e caminhões.
- Há muitos automóveis nas ruas? A culpa não é de quem compra seu carro e acaba por usá-lo. O consumo de automóveis continuará a crescer à medida que o País se desenvolva, como em qualquer lugar do mundo. O que falta é uma política nacional de transportes urbanos que defina estratégias e rumos para as alternativas de transporte público, de forma a reduzir o uso desnecessário e indevido do automóvel nas grandes metrópoles. É claro que o uso irracional do automóvel reflete a escabrosa segmentação social da sociedade brasileira. Somente a disponibilidade de um transporte público eficiente, seguro e confortável poderá induzir o proprietário do automóvel a optar por um meio coletivo. É preciso encarar esse problema de frente, cabendo, inclusive, à indústria automobilística engajar-se num projeto de conscientização voltado para o uso solidário do automóvel, diante do caos que se avizinha.

Enfatizar o transporte urbano como de responsabilidade local pode ser uma interessante reação e contraponto ao autoritarismo e à centralização dos anos 70. É ingênuo, todavia, achar que as soluções dos problemas possam prescindir de uma política nacional e que o governo federal possa se omitir, impondo aos governos locais, em vida, a condenação do rei de Corinto.

(O Estado de S. Paulo, 5 de junho de 1995)